KB204016

몇 살입니까

믿음이란 한 알의 밀알이 땅에 떨어져 죽음으로 많은 열매를 맺음과 같이 진리의 열매를 위하여 스스로 죽는 것을 뜻합니다. 눈으로 볼 수는 없으나 영원히 살아 있는 진리와 목숨을 맞바꾸는 자들을 우리는 믿는 이라고 부릅니다. 「믿음의 글들」은 평생, 혹은 가장 귀한 순간에 진리를 위하여 죽거나 죽기를 결단하는 참 믿는 이들의, 참 믿는 이들을 위한, 참 믿음의 글들입니다.

몇 살
입니까

이세두 지음

홍
현
사.

차 례

들어가며

 "몇 살입니까?" 단순한 이 질문이 나에게 질문이 무척 어려운 대답을 요구한다. '불혹'이라고 단순하게 답하기에는 세상의 유혹에 자유롭지 못함을 알고 있기 때문이다. 불혹이라 답한다면 거짓이며 불혹이 아니라는 결론만이 내 속에 남는다. 위 질문에 고민 없이 대답한다면 자신의 나이를 제대로 알지 못할 가능성이 크다. 나이에 대한 고민은 결국 살아온 삶, 살아갈 삶에 대한 고민으로 연결되기에 자신의 나이에 대한 정확한 이해는 자신의 삶에 대한 이해를 전제한다.

 나이 구별은 기준이 결정하기에 여러 기준을 알수록 세밀히 구별될 수 있으며, 구별되면서도 조화로운 삶을 살게 된다. '몇 살입니까?'라는 질문 의도가 단순하다면 단순히 대답할 수 있겠지만 삶에 대한 책임이나 방향 등 복잡한 것이라면 종합적 나이 이해를 요구하게 된다. 그렇기에 나이를 밝히는 것은 삶 속에서 자신의 위치를 밝히는 것이며 자신의 상태를 인정하는 것이다. 나아가 책임에 대한 자세로서 삶의 방향도 관련된다.

이 책은 '몇 살입니까?'라는 질문에 대하여 여러 기준을 제시하고, 다양한 대답을 요구한다. 또한 인생에서 특정 위치를 규정하고 그에 따른 삶의 자세를 강요할 것이다. 올바른 삶의 자세와 방향에 대하여 고집스러운 자기기준을 먼저 내려놓자. 또한 규정된 나이에서 올바른 삶으로 성장하도록 삶의 자세와 방향을 수정할 준비도 하자.

'몇 살입니까?'라는 질문 앞에 우리 모두는 조화롭지 못한 자신의 위치와 상태를 발견하게 될 것이다. 하지만 이러한 결과는 당연한 것이기에 충격을 받을 까닭은 없다. 그동안 나이에 대하여 고민하지 않았으며 나이에 걸맞은 삶에 대하여 배움이 적었다고 반성하면 되기 때문이다. 자신의 미성숙함이 발견될 때마다 성장·성숙하기 위해 삶의 본을 배우며 실천하는 과제는 우리 모두의 몫이다. 또한 상대의 미성숙함에 대한 이해로 공동체를 견고히 세우는 것 역시 우리 모두의 몫이다. '몇 살입니까?'라는 질문 앞에 삶에 대한 고민으로 대답하고, 이것이 자신의 삶을 성장시키며 모두의 삶을 성숙시키는 계기가 되기를 바란다.

1장

연대기적 나이와
생식기적 나이

연대기적 나이。

시간의 경과를 나이라 말한다. 나이는 숫자로 표현되며 또한 세대로 구별된다. 한 살, 두 살, 혹은 삼십 대, 사십 대 등. 흔히 스무 살이라 한다면 태어나서 살아온 지 20년이 흘렀다는 것을 의미할 뿐이다. 조금 더 세밀하게 구별한다면 태아기를 나이로 취급할지 말지에 따라 20년이나 21년이 나이가 된다. 이러한 연대기적 나이는 태어나서 지금까지의 기간에 대한 것이다.

개인적으로 나이는 시간이 흘러간 것일 뿐이지만, 사회적 시선은 흘러가는 시간에 책임을 요구한다. 사회적 요구는 나이에 맞는 삶의 자세다. 갓난아기는 하루 종일 자고 먹어야 한다. 이러한 아기의 삶은 사회적 요구와 일치되기에 문제가 되지 않지만 만약 아기가 잠도 자지 않고 먹지도 않는다면 사회는 아기에게 잠을 자고 먹어라 강요한다. 병원에서 진료를 받고 강제적으로 책임을 수행하도록 만든다.

대한민국 남성은 의무적으로 입대를 한다. 20대 즈음하여 사회는 개인의 나이에 걸맞은 군 생활을 요구한다. 이러한 사회적 요구는 개인의 고정된 시간에 대한 것이다. 20여 년 동안 군 입대에 필요한 준비가 되었는지보다 나이에 맞는 단순한 책임을 요구하는 것이다.

'몇 살입니까?'라는 질문에 연대기적 나이만 밝힌다면 사회적 요구를 무시하는 것이다. 그렇기에 나이에 대한 이해는 시간의 경과는 물론 책임수행의 위치까지 포함되어야 한다. 모든 사람은 사회의 요구와 책임에 대한 인정으로 자신의 나이를 규정해야 한다. 자신의 나이와 걸맞은 사회적 삶이 있으며, 사회는 강제적으로 삶을 규제하기에 자신의 나이는 사회의 요구와 책임에 대한 인정이 된다.

예를 들어 술을 마시는 미성년자에게 '몇 살입니까?' 질문한다면 '열네 살인데요'라는 대답만으로는 부족하다. 사회의 요구에 책임을 다하지 않았기에 사회로부터 규제당하게 된다. 연대기적으로 14년을 살았지만 사회적 요구에 무책임한 채 성년의 행위를 하고 있기에 자신의 나이를 모르는 답이다. 연대기적으로 미성년자이지만 삶의 모습은 성년이기에 부조화가 나타난다.

대부분의 사람들이 규격화된 틀을 가지고 살아간다. 적정 나이가 되면 해야 할 책임이 비슷하기에 살아가고 있는 모습만으로도 나이를 추정할 수 있을 정도이다. 예를 들어 10대에는 학교를 다니며 20대는 직장을 다니고 30대면 결혼을 하고 40대면 퇴사를 준비한다. '몇 살입니까?'라는 질문에 '학생입니다', 또는 '아기가

둘 있습니다'라고 대답하면 나이를 추측할 수 있는 것
이다. 반드시 연대기적 시간의 경과만이 아니라 자신의
상태나 상황도 사회에서 통용되기에 연대기적 대답은
더 다양한 대답으로 발전할 수 있게 된다.

　지학(志學), 이립(而立), 불혹(不惑), 지천명(知天命), 이순
(耳順), 종심(從心). 논어에 나온 나이의 이칭으로 사회적
나이를 가늠해 보는 이유는 연대기적 나이와 비슷하기
때문이다. 복잡하고 혼란스러운 춘추전국 상황에서 개
인의 나이를 구별해 놓았기에 연대기적 나이와 사회적
나이의 부조화도 발견된다. 논어의 나이 이칭은 연대기
적 나이와 사회적 요구의 관계를 개인적 견해로 밝혀
놓은 것이지만 오늘날 사회적 나이의 지침 정도로 활
용될 수 있다. 그렇기에 연대기적 나이보다는 성장하는
사회적 나이를 살펴보며 자신의 위치를 발견해야 한다.

　논어의 나이 이칭을 통해 사회적 책임을 발견하려는
노력과 함께 연대기적 나이와 사회적 책임의 부조화를

발견할 수 있어야 한다. 책임수행의 목표가 아닌 책임수행의 부족함을 이해해야 하며 성장과 성숙의 방향을 세워야 한다. 사회적 요구를 기초로 사회적 나이를 간략하게나마 정리하는 것은 앞으로 진행될 내용에도 적용된다.

논어 위정편은 15세를 지학(志學), 30세를 이립(而立), 40세를 불혹(不惑), 50세를 지천명(知天命), 60세를 이순(耳順), 70세를 종심(從心) 등으로 구별하였다. 여기서는 편의상 사회적 통념을 따라 20세 이상을 성인으로 분류하며 그 이전을 미성년으로 구별한다. 그렇기에 논어의 지학(志學)은 오늘날 자신의 삶에 대한 결단과 책임에 대하여 동의한 성인이다. '지학'이란 학문에 뜻을 둔다는 의미이며 인격과 관련하여 사용되었다. 그렇기에 인격수양과 연결되는 책임을 위임받았음을 안 자, 또는 동의한 자라 할 수 있다. 그렇다면 '이립'은 위임받은 책임을 적극적으로 수행하는 것이 된다. '불혹'은 책임수행을 어떤 변명이나 흔들림 없이 완수하는 것이며, '지천명'은 책임수행의 결과를 받아들이는 것이 된다. '이순'은 책임수행으로 만족스러운 결과를 이끌어 내기 위해 조언에 귀를 기울이는 것이며, '종심'은 책임수행의 시작과 결과에 자신의 의지와 사회적 요구가 충돌하지 않는 상태가 된다.

　'몇 살입니까?'라는 질문에 사회적 요구와 책임을 대하는 자세를 포함한다면 연대기적 나이와 상관없이 성인과 미성년자가 확인된다. 연대기적 나이로 볼 때 분명 성인이지만 사회적 요구 무시나 책임 회피의 자세로 일관한다면 미성년자 대우를 불러올 뿐이다. 성숙되지 못했다고 인정받을 뿐이다.

　'몇 살입니까?'는 '당신의 사회적 책임은 무엇입니까?'라는 의미가 될 수 있다. 성인으로 성장할 것인가 미성년자로 남을 것인가. 아직 사회적 책임이 무엇인지 알지 못한다면 위의 질문은 성장을 불러올 고민과 계기가 될 것이다.

사회적 요구에 강압적으로 이끌리는 자를 미성년이라 한다면 성인은 사회적 요구에 대한 책임을 위임받음으로 자발적으로 이행하는 자다. 미성년자는 사회적 요구에 관심을 둘 필요가 없기에 수동적 반응의 삶이 나타나지만 성인은 위임받은 책임으로부터 능동적 삶의 자세를 가지게 된다. 성인이란 자신의 삶을 스스로 살아가는 자이고 성장이란 삶의 범위가 넓어지는 것이며 성숙이란 삶의 상태가 완전을 지향하는 것이 된다.

이해를 돕기 위해 간단한 예를 들어 보자. 연대기적 나이로 만 19세는 투표권을 가진다. 대한민국은 투표를 하는 것도 권리이며 하지 않는 것도 권리행사가 된다. 사회적 요구에 의한—분위기를 조장하든 혹은 잘못된 의식을 주입하든—강압적인 투표행사라는 결과는 연대기적 나이로 성인일지라도 책임에서는 미성년자의 행위이다. 책임에 대한 성인의 자세는 투표에 대한 자발적 동의이다. 또한 성장한 성인이라면 적극적 투표행위를 위해 피선거권자들이 어떤 사람인지 알아보아야 한다. 이러한 과정을 통해 피선거권자에게 확신을 가지게 되며 선거 결과에 굴복하게 된다. 또한 더 좋은 결과를 위해 피선거권자를 향한 고집스러운 견해를 수정할 수 있어야 하며, 투표의 동기와 과정, 결과까지 책임수행으로 자연스레 연결되어야 한다. 만 19세라 할지라도 책임에 대한 자세는 지학에서 종심까지 성장하며 성숙된 자리에 위치시킨다.

다른 예를 들어보자. 50세가 넘은 남성 목회자가 성추행을 일삼다 고발당하였다. 논어의 50세는 하늘의 뜻을 아는 나이, 즉 지천명이며 이 책에서 규정한 상태는 책임수행의 결과를 받아들일 수 있는 나이이다. 하지만 그가 책임수행의 결과를 받아들이지 않기 위해 몸부림을 친다면 연대기적 나이인 50세는 단지 숫자에 불과해진다. 그는 50년 동안 성장하지 않았다. 그의 나이는 성추행이라는 상황에 대한 사회적 요구와 책임으로 유추할 수 있다. 40세의 불혹은 유혹이 없는 상태가 아니다. 유혹에 흔들림이 없는 상태이며 흔들림 없이 책임을 완수하는 것이다. 하지만 그는 성추행을 하고 싶은 자신의 욕망 앞에 무너졌다. 30세의 이립은 인격수양을 위해 도덕과 윤리 위에 확실한 터전을 마련하는 것이며 책임수행을 시작하는 적극적 자세가 있어야 한다. 그러나 그는 성추행 욕망을 그대로 방치하였다. 앞서 언급한 기준으로 인격수양을 위한 학문에 뜻을 두는 것으로 책임을 위임받은 것을 지학이라 할 때 그는 어떤 책임을 위임받았는지 알지 못하기에 결코 성인이라 할 수 없음이 확인된다.

젖먹이가 여인의 가슴을 만지는 것을 두고 누구도 성추행이라 하지 않는다. 그렇다면 성추행을 일삼은 목회자는 스스로를 젖먹이라고, 혹은 범죄자라고 인정해야만 한다. 사회도 이런 목회자를 범죄자나 젖먹이로 여길 수 있어야 한다. 그가 스스로를 범죄자라 인정한다면 성숙되지 못한 부분에서 미성년자임을 밝혀야 한다. 50세 목회자라 할지라도 성숙되어야 할 부분이 차고도 넘침을 인정해야 한다.

연대기적 나이는 성장과 성숙의 지표가 되기 어렵다. 그렇기에 '몇 살입니까?'라는 질문은 사회적 책임과 함께 성장을 독려하는 질문이다. 사회적 책임은 미성년에서 성인으로 성장되었음을 확인할 수 있는 기준이다. 또한 자발적이며 올바르게 책임을 지는 자세는 성장을 성숙으로 이끌어 간다.

생식기적 나이.

　남자와 여자는 성(性)으로 구별된다. 이는 단순한 생식기적 구별에만 국한되지는 않는다. 젖먹이는 남성·여성보다 아기라는 새롭고 통합적인 소속이 있다. 90세 할아버지와 할머니에게는 노인이라는 새로운 소속이 있다. 이처럼 남성과 여성으로 구별하지 않는 새로운 소속과의 관계 속에 성(性) 구별은 책임과 연결된다.

　남성과 여성은 성(性)에 대한 책임을 위임받은 남자와 여자로 규정할 수 있다. 일반적으로 2차 성징과 함께 남성과 여성으로 구별하는 것은 성(性)에 대한 책임을 출산과 연결하기 때문이다. 출산은 또한 양육과 보육 책임과 연결되기에 사회적 능력과 연결된다. 그렇기에 출산에 대한 책임과 함께 사회적 능력과 의지가 있는 자는 제3의 소속으로 남을 수 없게 된다. 성인과 미성년자의 생식기적 구별은 성(性)에 대한 책임으로 이뤄진다.

50세 목회자의 성추행 사건은 사회적 책임 중 윤리적 책임에 의해 미성년 상태였다. 여기서 또 다른 기준인 성(性)으로 그 책임을 밝혀 보아야 한다. 성추행은 성(性)적 욕구에 대한 강압적이며 이기적 행위의 결과이다. 출산에 대한 어떤 이해도 없으며, 양육과 보육에 대한 깊이 있는 고민도 없는 즉흥적인 욕망의 충족인 것이다. 50세 목회자는 생식기적으로 성인이라 주장할 수 있지만 성(性)에 대한 책임에 있어서는 미성년 상태이다.

성(性)에 대하여 출산과 양육이라는 기본적인 책임

에 동의하였는가? 아니면 욕망을 충족하기 위해 성(性)을 이용하고 있는가? 심지어 성(性)을 이용하여 욕망을 충족하면서 그것을 숨기고자 하는가? 50세의 목회자가 성(性)에 대한 책임을 위임받았다면 그는 지학의 성인으로 인정될 수 있을 것이다. 또한 성(性)에 대한 책임 수행을 위해 자발적이며 적극적으로 노력하였다면 이립으로 성장하였다고 볼 수 있다. 하지만 욕망을 충족하기 위해 성(性)의 이용이라는 유혹에 넘어갔다면 불혹이라 할 수 없는 상태가 된다. 연대기적 나이는 50세이지만 성(性)에 대한 책임으로는 40세도 되지 못한 상태다.

성(性)에 대한 책임으로 생식기적 나이를 규정하는 것은 사회관계 속에서는 또 다른 의미를 가진다. 남성과 여성은 또한 서로에 대한 관계적 의무로도 구별된다. 출산은 남성이나 여성의 개인적 책임이 아니기에 사회관계 속의 출산은 반드시 결혼과 연결된다. 생식기적 나이로 남성과 여성은 결혼관계에서 성인과 미성년자로 구별된다.

　예로부터 결혼을 하여 부모의 심정을 알게 될 때, 자신만을 위하다가 다른 이를 위하는 모습으로 변화될 때 어른이 되었다고 한다. 그렇기에 결혼관계는 남성이나 여성이 서로의 소중함을 알게 된 때이며 관계적 의무를 위임받음으로 성인이 된다. 결혼관계에서 '지학'은 서로의 소중함에 대한 동의이며, '이립'은 소중한 관계를 지키기 위한 자발적이며 적극적인 노력이다. 더 소중해 보이는 것들로부터 흔들리지 않는 것은 '불혹'이며, 배우자만이 가장 소중하다는 것을 알게 되는 것이 '지천명'이다. 소중한 관계를 위해 자기주장을 굽힐 수 있는 것은 이순이며, 소중한 자를 대하는 자세가 자연스레 배우자를 소중한 자로 만들게 되는 것을 '종심'이라 할 수 있다. 이러한 관계 속에 성(性)에 대한 책임은 결코 개인적 만족과 연결될 수 없게 된다.

성추행 사건은 관계적 의무 속에서 어떤 성인의 모습도 찾을 수 없는 상태이다. 배우자가 소중하다는 것에는 동의하였기에 성인이라 주장할 수 있지만 소중한 관계를 지키기 위한 어떤 노력도 없었기에 이립을 주장할 수는 없게 된다. 또한 배우자를 소중하게 여기는지 의심을 불러올 수밖에 없는 상태가 된다. 개인적 욕망을 채우기 위한 성추행은 그 결과 중 하나로 배우자에 대한 기만 행위를 포함하기에 배우자를 소중하게 여기지 않는다는 반증일 뿐이다. 그렇기에 관계적 의무 앞에 50세 목회자는 미성년 상태가 된다. '당신은 몇 살입니까?'라는 질문에 단순히 2차 성징으로 성인임을 주장한다면 성(性)에 대한 책임 앞에서는 미성년자이다. 또한 관계적 의무를 포함한 질문이라면 의무의 불이행은 성인이 아님을 확증하는 것이 된다.

절제로 본
생식기적 나이.

거부할 수 없는 큰 욕망도 있으며, 쉽게 꺾어 버릴 수 있는 작은 욕망도 있다. 욕망이란 결핍이 전제되며, 결핍이란 만족도와 연결된다. 그렇기에 큰 욕망과 작은 욕망은 만족도를 높이는 방법의 수, 대체가능한 방법 유무와 연결된다. 이러한 욕망을 어떻게 대하느냐에 따라 성인과 미성년이 구별된다. 성인은 욕망을 채우는 방법을 선택하는 자라 할 수 있다. 성숙하는 성인은 책임과 의무를 이행하면서 욕망을 채울 방법을 선택한다. 하지만 미성년자는 책임과 의무보다 욕망이 우선된다.

그 이유는 만족도를 높이기 위한 선택방법이 제한적이고 심지어 유일하기 때문이다. 성인은 큰 욕망과 작은 욕망의 구별보다는 쉬운 방법과 어려운 방법 정도의 구별이 있으며 미성년자에게 큰 욕망과 작은 욕망의 구별은 지금과 나중의 만족의 때에 있다.

욕망과 만족 앞에 성인과 미성년자는 방법과 시기에 대한 이해로 구별된다. 성인이란 방법에 대한 선택권을 가진 자이며 만족되는 시기를 지금과 나중 등으로 고정하지 않는 자이다. 하지만 미성년자는 선택 방법이 제한적이고 지금에 대한 집착으로 만족의 시기를 고정한다. 결국 성인과 미성년자의 구별은 절제의 힘에 있는 것이다.

성인과 미성년자를 구별하는 생식기적 나이에 절제의 힘을 첨부한다면 '몇 살입니까?'라는 질문은 출산과 양육 문제를 넘어 결핍된 성적 욕망 충족과 연결된다. 물론 수면욕, 식욕, 성욕 등에서 자유로운 자는 없다.

젖먹이는 졸리면 자고 배고프면 먹는다. 하지만 나이가 들면 졸려도 자지 않을 때가 있으며 배고파도 먹지 않을 때가 있음을 안다. 자는 것이나 먹는 것보다 더 강한 욕구가 있음을 발견하기도 한다. 이러한 과정은 수면욕이나 식욕 앞에서 성장하고 있다는 것이다. 이유가 무엇이든 수면욕이나 식욕에 대한 절제는 미성년과 성인을 구별하는 기준을 제공한다. 이처럼 욕망의 일부분인 성욕 절제도 분명 성인과 미성년을 구별한다.

50세 목회자의 성추행은 절제되지 못한 성욕으로 저지른 사건이다. 절제할 수 없을 만큼 강한 유혹으로 일어난 사건이라 주장할 수도 있을 것이다. 그렇다면 그는 50세의 생식기적 나이에 일말의 변명을 할 수 있을지도 모른다. 하지만 성적 욕망의 충족이라는 유혹 앞에서 성추행이라는 제한된 선택을 하는 것은 방법을 선택할 수 있어야 하는 성인이라고 주장하기에는 부족한 변명이다. 50세 목회자가 절제의 힘을 가진 성인이라면 그는 여러 방법 중 책임과 의무를 벗어나지 않는 새로운 방법으로 욕망을 충족했어야만 한다. 하지만 그가 가진 힘은 절제가 아닌 다른 힘이었다. 여자보다 센 근력을 소유하였고, 성도보다 우월하다는 목회자 지위가 있었으며, 사회적 부끄러움과 수치 앞에 여성보다 우위에 있는 남성의 위치가 있었다. 그 어디에서도 절제의 힘은 찾기 어려워 보인다. 만족 방법에 대한 선택권을 가졌다고도 볼 수 없다. 그는 단지 지금의 만족에 집착하였으며 유일한 방법인 성추행을 행하였다는 사실만이 남게 된다.

'몇 살입니까?'라는 질문에 그 목회자는 생식기적 나이로 성인임을 주장할 수 있지만 성적 욕망과 충족 앞에 결코 성인이지 못함이 드러난다. 성인에게는 욕망을 만족으로 이끄는 절제의 힘이 요구된다. 절제의 힘은 책임과 의무를 도외시하지 않기에 지금의 만족에 묻혀버릴 수 있는 책임과 의무까지도 충분한 만족으로 이끌게 된다. 순간적 만족에 책임과 의무를 묻어 버린 모습은 분명한 미성년의 상태이다.

결혼 관계의 의무와 성적 욕망의 관계에서도 절제는 성인임을 확증한다. 생식기적 나이의 성인은 결혼 관계의 의무를 위임받는다. 결혼 관계의 의무는 결혼 행위 의무가 아닌 배우자에 대한 의무이다. 그렇기에 생식기적 성인은 현재나 미래의 배우자에 대하여 성적 욕망에 대한 절제력을 가져야 한다. 이러한 욕망을 대하는 자세에서 '지학'이란 절제의 힘에 대한 동의이다. '이립'이란 절제의 힘을 적극적으로 사용하는 것이며, '불혹'이란 어떤 상황에서도 배우자에 대한 순결함을 유지하는 것이다. '지천명'이란 성적 욕망 절제가 배우자에 대한 책임이자 의무임을 아는 것이며, '이순'이란 배우자를 위한 절제의 폭이 넓어지는 것이다. '종심'이란 자신의 욕망과 배우자를 위한 책임과 의무가 다르지 않게 되는 것이다.

오늘날 사회는 법적 계약 관계를 기준으로 결혼관계 속의 책임과 의무를 주장한다. 그렇기에 법적으로 결혼하기 전의 성적 욕망에 제한된 절제만을 요구하며 겨우 집창촌 출입을 저지하는 소극적 대안을 제시할 뿐이다. 또한 간통죄 폐지로 성적 욕망과 결혼 관계의 책임과 의무를 분리하고, 성적 욕망과 만족에 대한 어떤 대안도 제시하지 못하고 있다. 미혼모들이 넘쳐 나고 사생아들이 버려져 죽어 가지만 사회는 성적 욕망과 만족의 문제를 방관할 뿐이다.

많은 사람들이 생식기적 성인이지만, 성적 욕망에 대한 절제력을 소유하지 못한 미성년 상태에 있다. 생식기적 성인이지만 절제력은 미성년자이기에 부조화가 일어나고, 그 결과도 혼란스러운 것은 당연하다. 생식기적 성인으로 성적 욕망을 대하였다면 그에 따른 결과를 받아들여야 하며, 또한 절제력에서 미성년자 상태로 성적 욕망을 대하였다면 그에 맞는 결과가 있어야만 한다. 성인이라면 책임과 의무에 동의함으로 성숙해야 하며, 미성년자라면 보호와 돌봄을 받아야 한다. 그렇기에 미성년이 성인으로 대우받는 것이나, 성인이 미성년 상태로 자신을 변호하는 것은 불합리하다. 50세 목회자가 성추행에 대하여 성인으로 대우받고자 한다면 용서를 구할 수 있어야 하며 처벌을 수긍해야 한다. 하지만 그가 미성년 상태로 자신을 변호하려 든다면 더 이상 누군가를 돌보아야 하는 목회자가 아닌 사회적 돌봄의 대상, 목회 돌봄 대상이 되어야 한다. 이러한 두 방법에 대하여 동의하지 못하고 목회자 위치를 고수하며 성추행 회피를 주장한다면 불합리하며, 사회인 또는 종교인, 심지어 자연인이라 할 수도 없는 범법자, 위법자란 정죄를 벗을 수 없게 된다.

2장

종교적 나이와
신앙의 나이

종
교
적

나
이
。

　고향에는 교회가 하나밖에 없었다. 나는 5세 때 동네의 유일한 교회 유치원에 들어가 3년을 다녔다. 부모님은 종종 5세 아들이 감당이 안 되어 유치원에 집어넣었다고 하신다. 5세 어린이가 말썽을 부려 봤자 얼마나 부렸겠는가? 그런데 종교의 시작이 5세 때였다고 주장하기에는 미심쩍다. 교회 유치원을 다닌 것과 기독교에 몸담은 것이 연결될 수 있을까?

　고등학교를 다니며 친구를 따라 새롭게 교회를 다니게 되었다. 학업을 포기할 정도로 교회 학생회를 열심히 했다. 신학대학교에 입학하기 위해 작성한 원서에는 입교일을 이때로 기록하였다. 기독교에 몸담은 날은 언제나 세례받은 날로 기록하였지만 사실 고등학교를 졸업하고 일반대학을 다니며 교회에는 거의 나가지 않았다. 모태신앙이라 말하는 친구도 보았고, 세례일부터 기독교인이 되었다 말하는 이도 보았다. 이러한 친구들의 신앙 경력은 그때부터 지금까지의 시간 경과와 다르지 않다.

처음 교회에 간 날, 또는 모태부터 계산하여 경과한 시간을 종교적 나이라 한다면 이를 연대기적 나이라 할 수 있다. 나는 장로교단 통합 측 신학대학교를 졸업하였다. 전도인, 즉 교육전도사에서 전도사 고시를 보면 전도사가 된다. 대학원을 졸업하고 전임전도사가 된 후 2년 정도의 경력이 쌓이면 목사안수 조건이 된다. 그렇다면 목사안수에 필요한 종교적 나이는 최소 신학대학원 3년과 전임전도사 2년을 합쳐 5년이 된다. 이러한 종교적 나이는 종교적 경력과 일치한다.

많은 교인들이 신앙 경력 질문에 입교일이나 특별한 경험을 기준으로 삼는다. 이러한 기준으로 집사나 장로 등의 직제 조건을 만든다. 서리집사, 안수집사, 권사, 장로 등의 직제는 종교적 나이를 연대기적 나이로 이해한 것이다. 아무리 교회에 충성하며 헌신하여도 어느 정도의 종교적 나이가 되지 않으면 직제의 조건이 되지 못한다. 교인들의 종교적 나이는 교회 출석과 연결된다.

'몇 살입니까?'라는 질문을 종교적 나이라 본다면 흔히 경력과 출석의 연대기적 나이로 대답한다. 내가 처음 교회를 다닌 때는 유치원 때이며 세례를 받은 때는 고등학생 때이고 교육전도사는 20대 후반, 목사는 30대 중반에 되었다. 유치원을 기준으로 하면 종교적 나이는 불혹에 가깝고, 세례를 기준으로 하면 이립에 가까우며, 직분을 기준으로 하면 지학에 가깝다. 종교적 나이를 연대기적 나이로 쉽게 대답할 수 없는 이유는 종교적 책임이 따르기 때문이다. 불혹이라 하지만 종교적 책임은 종교의 활용과 이익 앞에 흔들리고 있다. 이립이라 하지만 종교적 책임을 적극적으로 하고 있다고 보기 어렵다. 지학이라 하지만 종교적 책임을 위임받음에 전적으로 동의하기 어렵다. '몇 살입니까?'라는 질문에 종교적 경력과 출석을 포함한다면 종교적 책임 앞에 우리의 나이는 몇 살쯤 될까?

종교적 책임은 종교행위로 나타난다. 목사는 집례하며 교인은 참예한다. 지학은 집례와 참예를 위임받았다는 동의이며, 이립은 적극적으로 집례와 참예를 해야 하며, 불혹은 어떤 상황과 유혹에서도 반드시 집례와 참예를 해야 한다. 지천명은 집례와 참예를 올바로 아는 것이며, 이순은 올바른 집례와 참예를 위해 귀를 기울이는 것이며, 종심은 집례와 참예의 행위와 그 올바름이 일치되는 것이다. 이러한 책임으로 종교적 나이를 규정한다면 성인과 미성년의 구별은 종교행위와 연결될 수 있을까? 단순한 연대기적 나이로 종교적 나이를 규정한다면 종교행위를 이어 가는 시간의 경과가 되지만 종교적 책임을 포함한다면 연대기적 나이만을 고집하기는 어려워진다.

'몇 살입니까?'라는 질문은 단순히 종교행위 기간을 의미하지 않는다. 이 질문은 종교적 책임수행에 의해 성인과 미성년자를 구별하는 기준이 된다. 우리는 이러한 질문을 할 수 있다. '당신은 집례를 위임받았습니까?' 집례를 위임받았다면 종교적 성인으로 인정될 수 있으며, 적극 집례를 행하고 유혹을 이기며 더 올바른 방향으로 향한다면 성숙되어 간다고 할 수 있다. 하지만 목사라는 위치만 위임받은 사람이 많다. 목사라는 위치는 집례를 포함하고 있다고 여기기에 집례는 목사의 일거리 중 하나가 된다. 집례를 책임으로 여기는 것과 일로 여기는 것은 완전히 다른 의미다. 책임에는 보수가 없지만 일에는 수당이 있기 때문이다. 목사의 사례비가 정당하다고 주장하는 이유 중 하나가 목회활동 중 하나인 집례가 있기 때문이다. 집례라는 종교적 책임을 위임받았다고 여기는 자는 책임수행의 집례와 사례비가 무관함을 인정해야 한다. 그렇기에 목사의 종교적 책임으로 집례를 인정하는 자는 성인으로 여길 수 있으며, 목사라는 위치와 목사의 일거리로 주장하는 자는 미성년으로 구별될 수 있다.

교인 역시 책임수행에 수당을 요구한다면 그것을 일거리로 여기는 미성년 상태일 뿐이다. 아무리 연대기적 나이로 종교행위를 오랜 시간 이어 오더라도 성인으로 대접받을 수 없다. 교인의 종교적 책임은 예전에 참예하는 것인데 그에 따른 대가를 요구하는 경우를 볼 수 있다. 흔히 말하는 기도와 응답이라는 도식이 그것이다. 심지어 대가가 정당하다고 내세우기도 한다. 그러한 교인들에게 이러한 질문을 던질 수 있을 것이다. '당신은 기도를 위임받았습니까?' 물론 기도에 대한 이해가 다를 수는 있다. 그렇다면 '기도는 신 앞에 나아가는 참예입니까? 아니면 신의 능력을 이끌어 오는 수단입니까?' 이 질문에 대해 고민 없이 대답하면 신보다 더 뛰어난 자라는 고백이 될 수 있기에 주의해야만 한다. 신보다 더 뛰어나며 신을 이용할 수 있을 것이라는 막연한 기대나 어떤 방법을 가진 자는 아무것도 알지 못하는 미성년 상태임을 스스로 알지 못하는 것일 뿐이다. 기도를 위임받은 사실에 동의한다면 지학이라는 성인이다. 적극 기도하며, 기도의 간절함이 응답을 이끌 수 있다는 유혹을 이겨 내며, 올바른 기도를 배우고, 기도와 당신의 삶의 일치를 이루어 가는 성장과 성숙으로 나아갈 수 있다. 하지만 기도를 신에 대한 요구로 인정한다면 기도라는 자기희생에 보상이 있길, 즉 응답이 있길 원하게 된다. 이러한 미성년 상태는 기도를 위임받음이 아닌, 언젠가 이뤄지길 원하는 자신의 요구를 스스로에게 위임한 것일 뿐이다. '몇 살입니까?'에 종교적 책임인 참예를 포함한다면 이 질문은 '기도를 위임받았습니까? 아니면 스스로에게 자신의 요구를 위임시켰습니까?'라는 의미가 된다.

종교행위와
종교적 나이.

종교적 책임은 집례와 참예 등의 종교행위로 나타난
다. 연대기적 나이처럼 종교행위의 기간은 종교적 책임
에 의해 성인과 미성년의 상태를 구별하기 어렵게 된
다. 하지만 종종 종교행위의 열정이 성인과 미성년을
구별하는 기준으로 적용되기도 한다. 더 많은 책임과
책임수행의 양으로 성인 상태를 주장하는 것이다.

나는 5세 때 교회 유치원에서 한나절을 지내야 했다.
고등학교를 다닐 때는 결석을 하면서까지 교회에서 시
간을 보냈다. 신학대를 다닐 때는 종일 교회에서 지낼

때가 많았다. 목사가 된 지금은 교회를 떠날 날이 거의 없을 정도이다. 이러한 모습에 '몇 살입니까?'라는 질문은 단순한 종교적 나이의 경력이나 출석 정도가 아닌, 열정의 정도를 묻는 것으로 다가온다. '종교적 나이로 당신은 성인입니까?'라는 질문은 '당신에게 종교적 열정이 얼마나 가득합니까?'라는 의미가 된다.

대한민국 교회에는 독특한 몇 가지 모습이 있다. 종교의 토착화로 이해할 수 있지만 더 엄밀하게는 국민 정서와 연결된다. 대한민국 교회의 정서에는 한(恨)이 뚜렷이 배어 있다. 지배와 착취를 당해 왔던 국민 정서는 한풀이의 대상에 종교를 위치시켰기에 종교행위와 한풀이는 연결되었다. 쌓인 한(恨)의 양은 종교행위의 열정에 강도를 높였고, 독특한 교회를 형성하게 되었다. 한풀이는 수많은 종교행위를 만들고 강한 열정은 종교적 교회를 견고히 세웠다. 하지만 오늘날까지 이어지는 종교행위는 단순한 한풀이에 그치지 않고, 보상까지 요구하도록 발전하였다. 종교적 열정은 맺힌 한(恨)과 함께 얻게 될 보상과 연결된다. '당신에게 종교적 열정이 얼마나 가득합니까?'라는 질문은 이제 한(恨)의 양과 함께 얻게 될 보상의 크기에 대한 것이 된다.

대한민국의 많은 교회에는 일주일에 대략 10회 정도 모임이 있다. 재미있는 계산을 해보았다. 10회의 집례에는 대략 7시간 정도가 소요된다. 최저임금이 시급 6천 원이라 한다면 목회자의 한 달 집례비는 16만 8천 원 정도가 된다. 이것이 목회자의 집례 행위에 대한 사례비 요구라면 누구나 수긍해야만 한다. 또는 목회자가 일일 8시간 주 6일 집무를 본다고 한다면 120만 원 정도가 될 것이다. 이 정도의 사례비 요구 역시 그렇게 무리한 것은 아니다. 하지만 목회자 사례비는 교회의 크기 또는 교회에 대한 공헌도에 따라 달라진다. 그 이유 중 하나가 바로 한(恨)과 보상의 관계 때문이다.

목회자의 종교행위가 얼마나 증가하느냐는 개인적

만족과 교인의 요구로 결정된다. 목회자의 개인적 만족인 종교행위는 교인에게 어떤 의무를 만들지 않는다. 다시 말해 목회자가 하루 종일 교회에서 혼자 예배를 드리는 것이 사례비에 영향을 줄 수는 없다. 하지만 교인의 요구에 대한 충실한 이행은 분명히 영향을 미친다. 목회자는 교인의 한(恨)을 풀어 주어야 하며 한의 크기에 따라 종교행위를 기획해야 한다. 이러한 기획력은 교인이 목회자의 사례비에 아까움을 느끼지 못하게 한다. 또한 이 기획은 교인의 참예에 대한 보상을 포함해야만 한다. 보상을 통해 목회자의 사례비에 대하여 너그러워지기 때문이다.

다양한 종교행위를 기획하며 발전시키는 것은 분명히 목회자의 종교적 책임인 집례와 연결된다. 하지만 집례의 양이 목회자의 상태를 보증할 수 있을지는 여전히 의문이다. 집례와 사례비를 연결하지 않는 온전한 책임수행이라 할지라도 성장과 성숙에 있어 집례의 양은 어떤 도움도 되지 않는다. 많은 예배를 드린다 하여, 많은 사람들 앞에서 집례한다 하여 그 목회자가 성숙되었다고 보기에는 부족하다. 하지만 종교행위라는 한 풀이에 보상이 보증된다면 다른 국면으로 접어들게 된다. 목회자는 보상을 위임받은 자인가? 교인이 보상을 요구한다 할지라도 결코 목회자가 보상의 주체가 될 수는 없다. 목회자가 보상에 대한 주체적 결정을 할 수 있다면 '신의 대리자'가 되는 방법밖에 없기 때문이다. 만약 목회자가 보상에 대한 권한을 위임받은 '지학'이라는 성인됨을 주장한다면 그의 말은 신의 말이 되며, 그는 신의 권한을 입은 대리 통치자가 되며, 스스로 분봉왕이 되는 것이다. 목회자는 단지 통치 방법으로 종교행위를 기획하는 것일 뿐이므로 아무리 많은 방법을 고안할지라도 여전히 보상에 대한 책임이나 책임수행과는 무관하다. 보상에 대한 권한은 위임받았다 주장할 수 있지만 보상에 대한 책임과 책임수행에는 여전히 미성년이다.

교인의 참예 정도는 한(恨)의 양과 연결되며 열정의 강도와 연결된다. 흔히 교인의 상태를 성인으로 규정하는 기준은 자발성에 둔다. 그렇기에 종교행위에 대한 자발적 참여는 더 이상의 돌봄이 필요치 않은 성인으로 인정된다. 새벽이든 한밤중이든 종교행위로 이끌기 위한 사탕발림이 필요 없는 상태이며 종교행위가 자신의 모든 것보다 우선순위를 차지하는 상태이다. 이러한 상태에는 분명 탁월한 종교성이 있다고 할 수 있다. 하지만 이러한 행위가 보상 기대로 이어진다면 자발성에서 출발한 탁월한 종교성은 단지 숨겨진 한(恨)이 드러난 것이며 강화된 열정의 단순한 반응이 될 뿐이다. 교인이 종교행위의 참예를 위임받았다고 인정하는 것에 보상 기대가 포함된다면 자발적 참예처럼 보일 뿐 보상에 의한 이끌림이 숨겨진 것이다. 그런 교인은 보상을 위임받았다고 보아야 한다. 하지만 교인에게 보상을 이끌 힘이 있는가? 신 앞에 무기력한 교인이 취할 수 있는 방법은 겨우 신과 거래하는 정도가 될 것이다. 그렇기에 보상으로 한풀이를 요구하며 자신이 제시할 수 있는 가장 강력한 거래수단인 강도 높은 열정을 지불하는 것이다. 한풀이라는 보상을 이끌 어떤 힘도 없기에 보상을 위임받았다는 것은 거래관계를 형성했다는 주장과 연결된다. 얻게 되는 보상에 대하여 어떤 책임이나 책임수행처럼 보이는 종교행위는 불가능한 거래관계를 하고자 하는 미성년의 모습일 뿐이다.

수많은 종교행위를 기획한다 하여 그 목회자를 성인으로 인정할 수는 없다. 또한 수많은 종교행위를 수행한다 하여 그 교인을 성인이라 주장할 수도 없다. 오히려 종교행위를 기획하고 수행할수록 그들 속에 숨어 있던 보상과의 관계가 드러날 뿐이기에 위임받은 책임에 대한 동의와 멀어지며, 미성년 상태로 규정될 뿐이다. 종교행위와 연결된 자들은 '몇 살입니까?'라는 질문 앞에 숨겨진 보상과의 관계를 통해 자신의 위치와 상태를 규정해야 한다. 힘과 능력이 있다 할지라도 어미의 젖을 요구한다면 성인으로 인정될 수 없는 젖먹이일 뿐이다. 종교적 보상을 보증하며 보상을 요구할 수 있는 힘과 능력이 있다 주장할수록 스스로 종교적 미성년임을 확증할 뿐이다.

나에게는 아들이 있다. 아들이 다니는 어린이집에서
는 달마다 생일잔치를 한다. 재밌게도 아들은 생일잔치
가 열릴 때마다 자기도 생일이라며 우긴다. 나는 분명
히 9월에 아들이 태어난 것을 안다. 하지만 아들은 1년
에 생일이 열두 번이라고 우기는 것이다. 신앙의 태동
을 묻는 것은 아들에게 생일을 묻는 것과 비슷할 것이
다. 그렇기에 신앙의 태동이 궁금한 자는 신앙을 주신
분에게 물어보는 것이 현명하며 올바른 것이다. 나에게
는 아들보다 두 살 많은 딸도 하나 있다. 이 아이는 자

신의 생일을 알고 있다. 하지만 자신이 태어난 그 신비롭고 아름다운 순간을 전혀 기억하지 못한다. 11월에 태어났다고 알려 주었기 때문에 그 사실을 받아들였을 뿐이다. 이러한 사실은 성인이 되어서도 변하지 않는다. 성인이 되었다 해서 자신의 생일을 확증할 수는 없는 것이다. 그렇기에 신앙의 태동에 대한 분명한 이해는 알려 주는 자와 연결된다. 사람에게서 신앙을 부여받은 자는 그에게서 확증을 얻게 되며, 신에게서 부여받은 자는 오직 신만이 아는 사실이 된다.

신앙의 경륜을 신앙의 나이로 여기는 경우가 있다. 하지만 출발점이 모호한 신앙에 연대기적 나이를 적용하기는 어렵다. 연대기적 나이를 정확히 말하기 위해서는 부모에 대한 확신이 필요하다. 혹은 가장 어렸을 때의 기억을 기준으로 연대기적 나이를 말해야만 한다. 예를 들어 다섯 살 때 자전거를 타다 다리가 부러진 적이 있다면 이러한 충격적인 경험을 기준으로 연대기적 나이를 확신할 수는 있을 것이다. 신앙 역시 정확한 태동보다 어떤 경험이 기준이 되는 경우들이 있다. 하지만 그렇다 할지라도 그것이 신앙의 정확한 나이가 될 수는 없다. 연대기적 나이는 충격적인 경험을 기준으로 한 모호한 나이가 될 수밖에 없다. 그렇기에 신앙에 있어 연대기적 나이는 결코 성인과 미성년을 구별하는 기준이 될 수 없다.

신앙의 경륜은 질문으로 나타난다. '몇 살입니까?'라는 질문은 '신앙생활한 지 얼마나 됐습니까?'라는 의미를 가진다. 하지만 이 질문은 '종교생활한 지 얼마나 됐습니까?'라는 의미로도 사용된다. 신앙과 종교가 구별 없이 사용되기 때문이다. 하지만 신앙을 '신'과의 관계라 한다면 종교는 '신적 문화'와의 관계로 이해할 수 있을 것이다. 신앙생활은 신과의 관계가 중심이 된 생활이고, 종교생활은 신적 문화가 중심이 된 삶의 형태라 할 수 있다. 그렇다면 신앙생활 기간과 종교생활 기간은 같을 수도 있지만 다를 수도 있다. 혹은 알 수 없을 수도 있다.

　종교생활 기간을 묻는다면 교회 유치원을 다니던 때를 기준으로 해야 할 것이다. 어린이 찬송가를 부르며 간식 때마다 기도하고 충분히 기독교적 문화를 배웠기 때문이다. 하지만 신앙생활의 기간을 묻는다면 여전히 분명하지 않다. 개인적으로 고등학교를 다니며 교회활동을 열정적으로 하였다 해서 그것이 신과의 관계였는지 확신할 수는 없다. 신학대를 다니며 열정적으로 전도사 생활을 했다 해서 그것 역시 신과의 관계가 중심에 있었다고 자부할 수는 없다. 심지어 목사로서 나름 최선을 다하고 있는 지금 이 순간도 신과의 관계가 절대적인지는 의문으로 남는다. 이 질문은 신앙생활에 대한 회의와 함께 신앙생활에 대한 다짐으로 다가올 뿐이다. 신앙의 나이를 묻는다면 외적인 대답은 할 수 없고 내적 결단으로만 대답할 수 있다.

신앙에 있어서도 성인과 미성년자는 구별되어야 한다. 성인으로 규정한 후 주체적 결정권을 주려는 것이 아니라 미성년 상태를 확인하고 보호와 돌봄의 대상으로 위치시키기 위함이다. 하지만 신앙에 대한 연대기적 나이를 주장한다면 무엇을 위임받았는지를 묻고 싶다. 지학이라는 책임에 대한 위임받음처럼 신앙을 위임받았다고 주장할 수 있는가? 신앙을 위임받았다면 그에 따른 책임은 무엇인가? 책임수행은 어떤 것인가? 신앙을 종교와 혼동하기에 이러한 주장이 가능한 것이다. 종교를 위임받고 그 책임으로 종교행위를 하는 것은 가능하지만 신앙은 신과의 관계이기에 신앙의 대상이나 관계가 위임되지 않는 것이다. 신앙의 대상이 위임되었다는 것은 스스로 신이 되었다는 주장이며 신과의 관계가 위임되었다는 것은 스스로 신을 선택할 수 있는 관계의 주체가 되었다는 것으로 또한 스스로 신이 되었다는 주장일 뿐이다. 그렇기에 신앙에 있어 성인 상태를 스스로 증명할 만한 어떤 것도 남지 못하게 된다.

'몇 살입니까?'라는 질문은 신앙 앞에서는 미성년 상태임을 확증할 뿐이다. 이 질문은 스스로 성인임을 주장할 수 없는 미성년 상태를 고발하는 것으로 보호와 돌봄의 자리에 위치하게 한다. 연대기적 나이로 신앙생활 기간을 강조하고 신앙의 경륜을 주장할지라도 종교 이상이 될 수는 없다.

앎과 신앙의 나이.

신앙을 위임받았다 주장하는 것은 스스로 미성년의 상태임을 드러내는 것이다. 위임받은 신앙이라는 말은 책임과 책임수행에 무지하기 때문이다. 아들은 생일 케이크만 보면 초를 꽂고 노래를 한다. 그러면 나는 무조건 축하해 주어야 한다. 반면에 아버지는 내 생일날 전화를 하셔서 언제부터인가 감사를 요구하신다. 아버지와 아들의 관계에서 이 둘은 전혀 다른 모습이다. 아버지라는 위치는 같지만 아들의 상태가 다르기 때문이다. 나는 다섯 살 된 아들을 꼬마로 대하지만 아버지는 나를 성인으로 대우하는 것이다.

어린이는 생일의 주인이 자신이 되지만 성인은 생일의 주인이 부모가 된다. 이처럼 신앙을 위임받았다 주장하는 것은 위임받은 자신이 중심이 되는 상태이며, 위임하신 분에 대한 이해는 성인이 되어야 이루어진다. 위임된 신앙에 대한 책임과 책임수행은 미성년과 성인의 상태에 따라 다르게 나타난다.

신앙을 위임받았다 주장하면서 책임과 책임수행에 있어 신에게 요구하는 모습을 드러낸다면 미성년의 상태이다. 하지만 신의 요구에 대한 이해로 책임과 책임수행을 할 수 있다면 성인의 상태라 할 수 있다. '몇 살입니까?'라는 질문에 신앙의 책임이 더하여진다면 '신앙의 주체는 누구인가?'로 질문이 이해될 수 있다. 신앙의 주체에 대한 이해는 주체의 요구에 대한 앎과 연결되며, 앎은 요구를 이행하는 삶과 연결된다. 성인이란 스스로 결정하며 판단하고 책임지는 위치이다. 신앙을 위임받았다는 주장만으로는 신앙의 시작과 과정, 결과의 주체가 되었음을 의미하지 않는다. 그 주장은 미성년의 상태이고, 신앙을 위임하신 분에 대한 이해까지 미성년 상태로 남게 된다. 그러나 같은 미성년 상태이지만 그 대상에 따라 이해는 다르다. 연대기적 나이, 결혼을 하여 가정을 꾸려 가는 모습, 지적 수준, 감정 조절 능력, 상황 판단력 등으로 아버지가 아들을 성인으로 인정하듯 신앙을 위임하신 분도 그분의 기준으로 미성년의 상태를 성인으로 인정하시는 것이다. 아버지에 의해 성인으로 인정된다 하여 아버지와 아들 됨을 벗어날 수 없듯, 신앙을 위임하신 분이 성인의 상태라 인정하신다 해도 신앙의 책임에 의한 미성년 상태를 벗어 버린 것은 아니다. 신앙을 위임받았다 주장한다면 미성년 상태임을 인정해야 하며 또한 성인의 상태를 받아들일 수 있어야 한다. 신앙의 책임에 대하여 성인으로 인정받는 독특한 기준은 미성년 상태를 인정하는

것이다. 미성년 상태를 인정한다는 것은 신앙의 주체가
요구하는 것에 대해 스스로 성인 됨을 주장하지 않는
수동적 반응이다.

　신앙의 책임은 단지 미성년 상태임을 인정하는 것이
며 그렇기에 어쩔 수 없는 수동적 반응이 나타나게 된
다. 신앙생활이란 신앙의 능동적 활용이 아닌, 신앙에
의한 수동적 이끌림이다. 신앙을 활용할 수 없다는 것
을 알아야 미성년 상태가 성인으로 인정된다. 신앙을
활용하지 않는 모습이 신앙의 성인의 모습이다. '신앙
을 위한 삶'이 아닌, '신앙에 의한 삶'이 신앙생활의 성
인이다. '몇 살입니까?'라는 질문에 신앙을 위치시킨다
면 신앙을 활용하는 것과 신앙에 이용당하는 것으로
미성년과 성인이 구별된다. 미성년은 신앙을 활용할 수
있을 것이라는 막연한 기대가 있고, 성인은 신앙에 이
용당하지만 그것이 성인의 상태로 여겨진다는 확신을
가진 자이다.

3장

개인적 나이

감
정
의

나
이
。

서재에 쌓여 있는 동화책은 아들의 좋은 놀이터가 되었다. 아직 글을 모르는 아들은 그림만 있는 책을 가져와 읽어 달라 조른다. 아마도 그런 책을 읽을 수 있는 사람은 별로 없을 것이다. 나는 이야기를 만들기보다 손가락으로 그림을 짚는 방법을 선택하였다. 아들은 호랑이와 고양이를 정확하게 구별한다. 아무리 보아도 내가 볼 때는 비슷하다. 나무 위에 있으면 고양이, 숲에 있으면 호랑이 혹은 작으면 고양이, 크면 호랑이라 생각할 정도이다. 하지만 아들은 그림의 배경과 무관하게 고양이를 짚으면 야옹거리며 호랑이를 짚으면 "어흥" 한다. 고양이는 예뻐하고 호랑이는 무서워한다.

〈동물의 왕국〉을 볼 때 아들은 달리는 얼룩말을 보면 즐거워하지만 곧이어 나오는 사자의 공격에는 내 품으로 파고든다. 사자와 눈이라도 마주칠까 게슴츠레 뜬 눈으로 힐끗힐끗 지켜본다.

어린이는 정확한 상황 인식을 하지 못한다. 그림책이나 동물의 왕국이 곧장 자신의 상황으로 다가오고, 모든 상황의 중심에 자신을 위치시킨다. 그렇기에 상황의 지배에서 오는 두려움이나 즐거움을 만끽한다. 오버랩된 상황은 서서히 미성년자의 중심으로 이동한다. 미성년은 상황의 중심에 자신을, 자신의 중심에 상황을 위치시켜 상황에 지배당한다. '몇 살입니까?'라는 질문은 상황에 대한 정확한 앎과 연결된다.

앎에 대하여 다시금 논어의 이칭으로 정리하면 '지학'은 알아야 한다는 사실을 받아들이는 것이며, '이립'

은 알기 위해 적극적으로 노력하는 것이며, '불혹'은 몰라도 된다는 유혹에 흔들리지 않는 것이며, '지천명'은 알아야 하는 것에 다른 이유가 필요하지 않은 것이며, '이순'은 알기 위해 배움의 대상에 거리낌이 없는 것이고, '종심'은 아는 것과 사는 것이 다르지 않은 상태가 된다.

상황에 대한 정확한 앎은 감정 상태를 보증하는 기준이 된다. '몇 살입니까?'는 '당신의 감정은 상황에 대한 정확한 반응입니까?'라는 의미가 될 수 있다. 물론 상황에 따른 정확한 반응이란 있을 수 없다. 그렇기에 일반적이며 보편적인 반응이라고 해야 한다. 웃어야 하는 상황과 울어야 하는 상황 등에 대한 일반적인 이해를 기준으로 할 때 부정할 수 없는 극단적이며 극명한 반응만을 다뤄야 할 것이다.

일제 식민지가 시작될 때 우는 자도 있었고 웃는 자도 있었다. 하지만 광복이 오자 웃던 자는 울게 되었고 울던 자는 웃게 되었다. 같은 상황을 대하는 극명히 다른 자세는 상황에 대한 전혀 다른 이해에서 시작된다. 감정 상태를 성인과 미성년으로 구별한다면 감정 표현의 차이가 아닌, 표현될 수밖에 없는 상황에 대한 앎의 정확함이다. 그렇기에 '지학'은 상황을 알아야 한다는 사실에 동의한 것이며, '이립'은 상황을 알기 위해 노력하는 것이고, '불혹'은 상황을 무시하도록 유혹하는 것을 거부하는 것이며, '지천명'은 상황을 정확히 아는 것이 감정을 이끌게 된다는 것을 아는 것이다. '이순'은 상황을 정확히 알기 위해 배움을 마다하지 않고, '종심'은 정확히 알게 된 상황과 감정의 표현이 일치되는 것이다.

감정 상태에 상황에 대한 앎을 전제한다면 성인과 미성년자의 구별은 감정 조절 능력만이 아닌 정확한 표현까지 고려된다. 흔히 감정 억제가 감정 조절처럼 보이고, 또 성인됨을 주장할 근거처럼 여겨지지만 성인됨의 근거는 억제력이 아닌 표현력의 정확함이다. 식민지 상황에서 감정 억제는 마치 동물원의 맹수가 두려워 걸음을 옮기지 못하는 것과 같다. 안전이 보장된 동물원에서 신기함과 흥미로움이 억제된다면 그보다 이상할 것이 없을 것이다. 식민지라는 상황에 대한 정확한 앎은 우리나라를 우리나라로 정확하게 인정하는 것으로, 나라를 빼앗겼다는 것을 정확하게 표현하는 것이다. 만약 식민지라는 상황에 대하여 정확한 반응, 즉 일반적이며 보편적인 반응을 하지 못한다면 감정은 미성년 상태로 남게 된다.

광화문 광장에서는 연일 집회가 이어진다. 세월호 유가족들, 노동개혁을 외치는 자들 또는 봉기한 농민들 등 자유민주주의 나라에서 자신의 권리를 확인하고자 한다. 이들을 향해 불법이며 종북이고 좌파라 주장하면서 어쩔 수 없지만 폭력을 행사해야 한다고 주장하는 자들도 있다. 이렇게 질문해 본다. '당신은 그들의 상황을 정확히 알고자 하였는가? 그러한 상황에 대하여 정확하고 일반적이며 보편적인 정직한 반응을 하였는 가?' 집회를 주관하는 자들과 막아서는 자들의 잘잘못을 따지기는 어려울 수 있지만 그러한 상황을 대하는 우리의 자세는 분명 성인과 미성년을 구별 짓고, 정직한 감정 표현은 성인과 미성년을 확증 짓는다.

'몇 살입니까?'라는 질문은 '당신은 감정을 정확하게 표현하는가?'로 이해될 수 있다. 상황에 대한 정확한 앎과 감정의 정확한 표현은 충분히 성인과 미성년을 구별할 수 있는 기준이 된다. 세월호 유가족들의 요구는 알고 싶다는 것이다. 노동개혁과 노동개악 주장은 살고 싶다는 것이다. 농민들의 요구는 약속을 지키라는 것이다. 이러한 상황에도 옳고 그름은 있을 것이다. 그렇기에 이 상황을 알아야 한다는 것에 동의한다면 성인이라 여겨질 수 있다. 또한 동의하는 부분과 부정하는 부분에 자신의 입장과 감정을 표현하는 것도 성인이라 할 수 있다. 하지만 강 건너 불구경하듯 무시하거나, 결과에 대한 섣부른 짐작으로 억제한다면 미성년 상태라 할 수 있다.

꼭 거대담론이 아니더라도 소소한 일상에서 감정의 상태는 성인과 미성년으로 나타난다. 감정 상태는 자신이 처한 상황, 자신에게 영향을 줄 수 있는 상황 등 자기중심적 삶에서 극명히 구별된다. 자기중심적인 삶은 상황에 대한 정확한 앎보다 상황에 영향을 받게 된 결과에 반응한다. 식민지라는 상황에 대한 앎이 일반적으로 분노로 나타난다면 식민지라는 상황에 영향을 받은 결과에 따라 기쁨과 분노가 구별된다. 자기중심적인 삶은 식민지 상황의 영향으로 이익을 얻을 때 기쁨으로 나타나며 손해일 때는 분노로 나타나기에 결과에 좌지우지되는 미성년의 모습이다. '몇 살입니까?'라는 질문은 '당신은 상황에 대한 정확한 앎으로 감정을 정확하게 표현하는가?'라는 의미에 더하여 '당신의 감정 표현

방향에 영향을 주는 것은 무엇인가?'라는 의미가 될 수 있다. 자기중심적인 방향으로 표현되는 감정은 미성년의 상태이지만 성인은 자기중심적인 결과에 영향을 받지 않는 상태이다.

감정 상태는 종교행위에서도 구별된다. 종교행위에서 감정의 성인과 미성년 구별은 종교행위의 승패를 결정한다. 예를 들어 울음은 반드시 감격의 결과인가? 울음은 감격의 결과일 수 있지만 아이가 단지 자신의 아픔과 상처를 부모에게 강조하기 위해 더 크게 울듯 아픔의 결과일 수 있으며, 심지어 왜곡된 사실에 의한 반응일 수도 있다. 그렇기에 울음이 종교행위를 통한 감격의 결과일 수만은 없다. 왜곡된 사실에 대한 바른 이해가 전제되어야 한다.

'당신은 몇 살입니까?'라는 질문은 종교행위와 감정표현에 있어 왜곡된 사실 검증을 통과해야만 한다. 종교행위에 대한 감정적 반응은 훌륭한 종교성으로 인정받을 수 있다. 큰 울음과 큰 웃음 등의 강력한 감정 표현은 희열을 가져오기도 한다. 하지만 이성적인 모습을 찾기 어렵다면 감정 표현은 자기중심적 위안에 머물게 된다. 전도사 시절 기도회를 인도해야 할 때가 있었다. 기타도 치고 노래도 부르며 교인들을 독려하고 이끌어야 하였다. 콘티를 짜고 멘트를 준비하고 조명을 이용하면서 원하는 상황을 만들고자 노력할 때 빠질 수 없는 기술은 목소리 톤 조절이었다. 반주의 급격한 변화, 목소리 강약의 적절한 조절에 경험상 교인들은 반응한다. 여기에 신의 이름을 덧입혀 매끄럽게 기도회를 열 수 있었다. 한마디로 정리하면 상황으로 교인을 압도해 버린 것이다. 교인들 역시 스스로 이러한 상황에 이끌리기를 원하기도 하지만 분명한 그들의 바람은 신적 경험이다. 부끄럽지만 교인의 바람을 적절히 이용하고 어설픈 기술로 신의 대리자 흉내를 낸 시절이었다.

종교적 상황에 대한 얇은 감정 표현에서 성인과 미성

년으로 나타난다. 아무리 성인 상태를 유지하고자 하여
도 종교적 만족을 꾀하는 종교 지도자에 의해 미성년
상태에 머무를 수도 있다. 성인은 화려한 연주에 감동
하는 것과 신적 경험은 다르다는 것을 안다. 아름다운
선율에 감동하였다 할지라도 신적 경험이라는 종교 지
도자의 포장 행위에 정직하게 반응해야 한다. 또한 종
교행위에 의한 감동이 선율이 준 감동임을 안다면 그
반응은 결국 자기중심적 만족을 향한다는 것도 알아야
한다. 종교상황에 지배를 받으며 자기중심으로 향하는
감정 표현은 미성년 상태이고 돌봄의 대상이 될 뿐이
다. 이러한 상황을 이용하며 자기중심적 만족을 꾀하는
종교 지도자 역시 주변 상황에 이끌려 가는 미성년 상
태일 뿐이다.

열
정
의

나
이
。

시대와 상황에 따라, 주변 환경에 따라 우선순위가 바뀌는 것은 일반적이다. 만약 절대적으로 중요한 것이 있다면 중독되었을 가능성이 크다. 중독은 대상에 제한을 두지 않는다. 알코올이나 마약 같은 물질이 될 때도 있고, 도박이나 일처럼 행위가 될 때도 있다. 명예나 업적과 같은 외부 시선이 될 때도 있다. 물질이나 행위 또는 외부의 시선 등은 모두 감정 상태를 이끌며 자기중심적 만족을 향하게 한다.

중독은 위임받음에 대한 동의가 아닌 스스로 위임시

킴으로 이끌려 가는 것이다. 그렇기에 자칫 성인의 모습으로 오해할 여지가 크다. 중독 대상에 관하여 논어의 이칭으로 정리한다면 대상을 위임받음에 동의하는 것을 '지학', 자발적이며 적극적으로 이행하는 것을 '이립'이라 할 수 있다. 어떤 유혹에서도 꿋꿋이 흔들리지 않고 행하는 것을 '불혹'이라 할 수 있다. 우스운 예를 들자면 알코올 중독을 끊지 못하고 꿋꿋이 행하는 것을 성인의 상태라 할 수 있으며, 알코올을 얻기 위한 노력을 자발적이며 적극적으로 이행하는 것을 이립의 상태, 알코올을 섭취해야 하는 것에 동의하는 것을 지학이라 할 수 있을 것이다. 하지만 알코올 섭취에 동의하기 전 누구에 의해 주어진 것인지를 분명히 해야만 한다. 결과가 어떻게 될지도 생각하여야 한다. 성인과 미성년 상태는 위임한 자, 요구하는 대상에 있어 다르며 결과에 대한 책임에 있어서도 다르다.

알코올 중독의 경우 위임한 자는 사회인가 자신인

가? 그 결과를 자신이 책임을 지는가? 자신이 자신에게 위임하였다면 지학의 동의로 볼 수 없으며 규제를 당하기에 책임이라는 결과에 있어서도 성인이라 할 수 없게 된다. 중독이란 미성년 상태가 제어되지 못한 상태일 뿐이다. 그렇기에 강제적일지라도 규제와 돌봄이 필요하게 된다.

종교는 종교행위에 있어 중독을 열정으로 포장하여 사용한다. 그렇기에 종교적 열정의 출발과 결과에 있어 제어되지 못한 미성년 상태가 나타난다. 이러한 문제는 교인보다 종교 지도자에게 더 강하게 나타난다. 교인들의 종교적 열정은 삶의 자리에 따라 언젠가는 변하지만 종교 지도자는 삶의 자리가 종교를 떠날 수 없기에 열정처럼 보이는 중독이 점점 뚜렷하게 나타나는 것이다. 시간이 갈수록 일반적인 현상이 될 교회 경매는 중독을 열정으로 포장한 결과이다. 수백억 원을 모으든, 수백만 원을 모으든 교회 건축을 위한 열정은 대부분 종교 지도자에게서 출발한다. 종교 지도자는 교인들의 요구, 종교행위의 원활한 진행을 위한 준비 등의 이유로 포장할 가능성이 크고, 그 결론은 언제나 하나님이 기뻐하시는 결과물이다.

교인들은 건축에 동의했으며 자발적·적극적으로 참여하기에 성인의 상태라 할 수 있지만 결과에 대하여는 언제나 미성년 상태로 남는다. 하나님이 기뻐하시는 건축과 함께 교인의 생활은 열정만큼 빈곤해진다. 그렇기에 종교행위의 결과에 대하여 종교적 보상과 돌봄의 상태로 스스로 찾아 들어간다. 성인과 미성년의 조화롭지 못한 상태는 건축에 있어 웃음과 울음을 함께 가져온다. 더 심각한 위험은 종교 지도자의 거짓된 가르침이 건축을 가장 중요한 것으로 포장할 때이다. 간교한 가르침은 건축에 대한 교인의 동의를 이끌기보다 동의할 수밖에 없는 강한 자극을 주는 것이며, 성인 상태인 교인을 미성년 상태로 이끈다. 그렇기에 교인은 미성년 상태에서 시작된 건축과 그 결과에서 종교적 돌봄과 보상을 추구하는 이른바 안정된 미성년 상태가 나타난다. 할 수 있는 능력이 있을 때, 사람이 많을 때, 물 들어올 때 노 젓는 기회주의적 종교행위의 결과로 교회가 경매 물건이 되는 것은 당연하다. 이러한 결과에 지도자가 책임지는 경우는 거의 없으며, 교인 역시 일정 손해를 떠안은 채 마무리된다.

종교행위 중독은 종교생활에서도 열정으로 나타난다. 교회 출석은 반드시 해야만 하는 것인가? 교인은 반드시 제도화된 예배 행위에 참석해야 하는가? 대한민국 교회들이 52주간 약 520번의 모임을 가진다 할 때 반드시 참석해야 하는 모임은 어떤 것인가? 만약 일요일의 예배행위만이 반드시 참여해야 할 출석 의무를 위임받은 것이라 한다면 그 위임은 누가 한 것인가? 52주를 적극 출석한 결과에 대해 분명히 알고 있는가? 한 주도 빠짐없이 일요일 예배행위를 참석하였던 사실에 우월감을 느끼지는 않는가? 외식할 때 식사 기도를 통해 교인임을 증명해야 할 것처럼 여겨지지는 않는가? 운전석에는 십자가를 매달고, 트렁크에는 물고기 그림을 붙여야 할 것처럼 여겨지지 않는가? 감탄사가 절로 나올 때조차 '주여', '아버지' 등 종교색을 띠어야 한다고 여겨지지 않는가?

'몇 살입니까?'에 종교적 열정을 포함하면 중독된 정도와 연결된다. 종교적 열정의 미성년 상태일수록 중독과 열정이 모호해지며, 성인일수록 열정의 원인과 대상과 방법을 고민한다. 열정과 중독은 자발성에서 분명한 차이를 가진다. 중독된 종교행위는 종교 지도자로부터 강요된 책임이나 이목, 체면으로 시작된다. 종교 지도자로부터 위임받은 종교행위에 대한 동의는 당신을 종교적 성인 상태로 주장할 근거가 될 수도 있다. 또한 종교적 우월감이란 결과에 대하여도 이목과 체면을 향해 성인의 상태를 주장할 수 있을 것이다. 하지만 자발성에 있어서는 종교행위를 거부하도록 요구받은 것에 대하여 미성년의 상태가 된다. 종교적 우월감이 나타나지 않는 결과라 하더라도 자기중심적 자기만족을 향하지 못하기에 미성년의 상태가 된다. 이러한 조화롭지 못한 상태는 강압적 요구에 대하여는 결정권 없는 성인으로 위치하며 자발성에 대하여는 미성년을 유지함으로 결국 미성년의 상태가 나타난다. 종교적 성인이 중독 행위로 예배시간에 소꿉놀이를 한다면 종교적 교회에서 성인과 아동 구별은 소꿉놀이를 하는 장소 차이가 될 뿐이다.

행동의 나이.

횡단보도 앞에서 신호를 기다리다 옆 사람이 한 발 움직이면 빨간불인데도 같이 걸어간 경험이 있을 것이다. 신호등 색깔을 보고 건너는 것이지만 옆 사람에 대한 신뢰가 그것을 대신하였기 때문이다. 옆 사람은 반드시 녹색불에 횡단보도를 건널 것이라는 신뢰는 자발적 성인의 상태를 주장할 수 있는 근거처럼 보인다. 하지만 횡단보도에서 신뢰 대상은 옆 사람이 아닌 신호등이다. 옆 사람을 따르는 행동은 자발적이지 못하며, 신호등이 그를 미성년 상태로 규정한다.

성인은 해야 할 때와 하지 말아야 할 때에 대하여 분명한 기준이 있다. 그 기준에 따른 행위의 결과에 대하여도 책임을 진다. '몇 살입니까?'라는 질문이 행동을 포함한다면 그 의미는 '당신의 행동에 책임질 수 있습니까?'의 의미가 될 수 있다. 광화문 집회에 물대포를 쏘던 사람들에게, 세월호의 구조 활동을 소홀히 하였던 자들에게 이와 같은 질문을 한다면 그들은 어떤 상태인가? 50대 성추행 목회자에게, 비리로 얼룩진 위정자들에게 이 질문을 던진다면 그들의 상태는 어떻겠는가? 녹색불에 건너고 빨간불에 멈춰야 한다는 것을 위임받음에 동의하는 것을 '지학'이라 할 수 있으며, 차가 오지 않을지라도 적극적이며 자발적으로 지키는 것을 '이립'이라 할 수 있고, 효율성을 위해 신호를 어기고 싶은 유혹을 거부하는 것을 '불혹'이라 할 수 있을 것이다. 정해진 규칙을 따름에 다른 이유가 없음을 '이순'이라 할 수 있으며, 규칙을 준수함에 심적 동요가 없는 상태를 '종심'이라 할 수 있을 것이다. 그렇다면 광화문에서, 세월호에서, 사회적·정치적·종교적 지도층에서 저질러진 행동에 대한 책임으로 그들을 성인의 상태라 규정해야 한다.

규칙을 위임받음에 동의하는 것은 규칙 준수에 동의한 것이며 규칙에 의해 규제받음에 동의한 것이다. 그렇기에 위임받은 것은 책임을 선택적 사항으로 여길 수 없게 하며 책임으로 자신의 상태를 보증하겠다는 다짐을 포함한다. 자신의 행동에 대한 자신의 책임이 성인의 상태를 보증하기에 미성년의 상태와 성인의 구별은 당연한 것을 대하는 자세로 나타난다. 성인의 당연한 행동은 주어진 규정 속에서 나타나지만 미성년의 당연한 행동은 자기중심적 기준에서 나타난다. 또한 성인은 책임을 받아들이는 것이 당연하지만 미성년은 책임을 회피하는 것이 당연하게 나타난다. 그렇기에 행동의 성인됨과 미성년은 행동의 주체와 함께 책임의 주체까지 살펴야만 한다.

　이윤추구만을 내세운 기업들이 치열한 경쟁시장으로 변화되며 고객의 요구와 만족을 내세운다. '고객은 왕이다'는 말 속에 이윤추구의 상업적이며 비인격적인 것들을 숨김으로 외형적으로 기업 중심은 고객 중심으로 변화되어 갔다. 또한 지속적인 고객 확보를 위한 애프터서비스와 신제품의 발 빠른 선전은 '고객은 왕이다'라는 말이 실감날 정도로 발전하였다. 물건을 사는 사람이라는 의미에서 물건의 소유권을 가진 사람으로 고객이 진화한 것이다. 기업은 자신의 행동, 즉 물건을 판 행위에 어느 정도의 책임을 가지고 있기에 성장하고 있는 성인의 상태라 볼 수도 있을 것이다. 물론 경쟁구도의 강압적 요구에 의한 변화일 수도 있으며 더 큰 이익을 위해 책임을 회피하지 않는 것이라 주장할 수도 있을 것이다. 하지만 이 정도의 시장경제를 성인 상태라 인정하고 싶은 이유는 다른 곳은 이 정도의 변화도 잘 나타나지 않기 때문이다.

평소 위정자를 만나려면 합당한 이유와 수많은 절차를 거쳐야 한다. 하지만 선거철만 되면 반기는 사람이 없어도 복잡한 시장통을 어슬렁거리며 민폐를 끼친다. 국민이 주인이라 외치지만 당선이 되면 주인을 물어 버린다. 공약을 내세우며 당선되었지만 공약의 실천보다 힘겨루기를 하며 주인 없는 개들의 싸움이 벌어진다. 물론 선거철이 되면 다시금 주인을 찾아 꼬리를 흔들고 다닌다. 위정자 개개인은 뛰어난 사람일 수 있다. 하지만 그 위치는 주인을 위하는 자리일 뿐이다. 그렇기에 선거철이 되면 자신을 그 자리에 앉혀 줄 '표'가 주인 되며, 당선되면 자신이 주인 되기에 위정자는 언제나 '표'를 위하고 자신을 위하는 행동만이 남게 된다. 위정자의 '표'를 위한 행동의 책임은 공약을 내세우는 것에서 머물며 자신을 위한 행동의 책임은 숨기거나 회피를 하기에 성인의 상태를 주장할 근거는 전혀 없게 된다.

위정자는 공약이라는 약속에 대한 동의로 지학임을 주장할 수 있지만 실천된 약속의 책임에 의해서도 성인임을 입증해야 한다. 뛰어난 개인적 능력으로 자신의 자리를 주장할 수 있지만 불성실한 공약 실천이라면 위정자는 미성년의 상태이기에 결코 그 자리에 앉아서는 안 되는 것이다. 이러한 모습은 종교 지도자들에게서도 나타난다. 설교를 들어 보면 자신의 욕심을 투영시켜 간접적으로 강요할 때가 있다. 회의 시간에는 다른 조언에 귀를 기울이며 충고를 기꺼이 받아들이는 모습을 취하다가도 신적 권위를 빌릴 수 있는 설교 자리에 서면 숨겨진 욕망과 울분을 교묘히 토로하는 것이다. 물론 이러한 모습은 스트레스에 의한 일시적 반응일 수도 있을 것이다.

종교 지도자의 행동이 교인들의 종교생활 지침이 되는 것은 당연하다. 그렇기에 교인의 상태는 종교지도자의 상태와 연결된다. 종교 지도자와는 달리 교인들은 사회와 종교를 함께 살아가야만 한다. 그렇기에 이중적인 삶에 대한 유혹이 더욱 강할 수밖에 없다. 종교 지도자들은 종교 속에서 살아가기에 사회적 유혹을 충분히 거부할 힘이 있으리라 여겨진다. 하지만 일관된 삶을 살아야 하는 자들이 먼저 이중적 삶을 살기에 교인들의 삶에 당연히 종교와 사회의 이중적 삶이 나타나는 것이다. 교인들은 종교행위로 종교 속에서 성인임을 주장하며 사회적 삶으로 사회 속에서 성인임을 주장한다. 하지만 종교행위의 결과를 사회적 삶과 연결하며 사회적 위치로 종교 속에서 위치를 결정하기에 이중적 행위로 두 곳 모두 미성년 상태만이 남게 된다. 종교 지도자는 이러한 교인들을 향해 올바른 지침을 제공하기보다 이중성을 교인에게 용납함으로 자신의 정당성을 확보한다. 종교 지도자는 기업의 애프터서비스 정도도 하지 못하는 상태이며 위정자들의 주객전도 정도도 나타나지 않는 위치이다. 종교 지도자들은 종교행위를 강조하며 종교성을 강화하는 것으로 종교적 성인임을 주장할지 모르지만 이중성에 의해 사회적, 종교적 미성년의 상태일 뿐이다. 미성년 상태인 종교 지도자들이 교인의 상태를 미성년으로 이끄는 것은 당연하다. '몇 살입니까?'라는 질문이 행동에 대한 것이 된다면 그 의미는 약속된 기준에 의한 올바른 반응이라 할 수 있다.

기
대
의
나
이。

　로봇을 만들어 악당을 물리치는 훌륭한 과학자가 되
겠다, 선생님이 되어 학생을 가르치겠다, 의사가 되어
세상에서 아픈 사람이 없도록 하겠다는 꿈은 유치원에
서만 통용되는 것이 현실이다. 어른이 되어 갈수록 자
신의 한계를 알게 되며 현실 중심으로 변화되어 민생
고를 해결할 방법을 모색하게 된다.

　이상과 현실의 구별은 불가능한 것에 대한 앎과 가능
한 것에 대한 구별일 뿐이다. 당신은 우주여행을 할 수
있는가? 어린아이일수록 우주여행을 하고 싶은 기대가

할 수 있다는 자신감으로 나타난다. 하지만 어른이 될수록 현재의 형편과 상황 등에 대한 이해로 불가능하다고 말하게 된다. 할 수 있는 것과 하고 싶은 것의 구별이 미성년과 성인을 구별하는 것이다. '몇 살입니까?'라는 질문이 이상과 현실에 대한 이해를 포함하면 현실적 능력에 대한 분명한 앎이 드러난다.

선거철 공약은 하고 싶은 것 나열이 주를 이룬다. 하고 싶은 것은 표심을 자극할 수 있으며 유권자들은 하고 싶은 것을 지지한다. 교회가 교인을 모으는 쉬운 방법이 있다. 매주 교회 참석자에게 그들이 원하는 것을 나눠 주는 것이며 또한 줄 수 있다고 광고하는 것이다. 위정자들이 선거 기간에만 유용한 것들을 내세우듯 교회는 교인에 대한 지배력이 생길 때까지만 그들의 요구를 수용하면 되는 것이다. 초신자들에게 제공되는 교회의 돌봄은 교회의 지배력과 지배 범위와 연결된다. 초신자가 종교생활에 충분히 익숙해지며 종교적 돌봄에 중독될수록 교회의 지배행위는 힘을 얻게 된다. 당선된 위정자가 다음 선거철까지 주인 되듯 교회는 등록교인을 확실한 네트워크로 묶어 두었다는 확신과 함께 교인을 지배하기 시작한다.

교회는 교인을 위임받은 것에 동의하는가? 그렇다면 교인을 대하는 지배적 모습이 없어야 한다. 하지만 교인은 교회를 위임받았다 주장한다. 이 두 주장은 어떠한 상황에서도 옳은 것이라 할 수 있는가? 교회와 교인이 서로를 위한 책임을 짊어짐에 동의하였다는 사실만으로는 성인의 상태라 할 수 있지만 서로에게 지배적 모습이 나타난다면 미성년 상태로 보아야 한다. 교인이 교회를 지배하기 위해 취하는 방법은 유권자가 위정자들에게 던지는 표처럼 교회를 떠나는 것과 남는 것이 있다. 교회를 떠나겠다는 협박은 교인의 강력한 무기가 된다. 그러나 교회 역시 교인을 지배할 수 있는 방법이 있다. 당선된 위정자들처럼 신적 권위를 주장한다.

교인을 향해 신적 권위를 주장하는 것은 교회를 지배하고 싶은 교인을 절대자의 이름으로 피지배의 상태로 이끌어 내리기에 교인을 지배하는 무기가 된다. 이러한 힘겨루기에서 교회와 교인은 이상과 현실 사이에 위치하게 된다.

교인은 교회 내에 자신의 정확한 위치가 있기를 원한다. 장로, 집사 같은 직제가 될 수도 있으며 예전 준비나 식당봉사 역할이 될 수도 있다. 주일학교 선생이나 찬양 인도 등 자신의 고유한 능력을 활용할 수도 있으며 예배당이나 교육관을 짓는 재정에 보탬이 될 수도 있다. 이러한 것들을 교회가 교인에게 충분히 제공한다면 교인은 교회를 지배하고자 하지 않는다. 또한 교회는 교인들이 떠나지 않아야 한다. 교인은 종교행위에 참석해야 하고 재정에 대한 책임을 져야 한다. 또는 교회를 자랑해야 하고 다른 교인을 흡수해야 한다. 교인들이 자발적으로 이러한 교회의 요구를 수용한다면 교회는 교인을 지배하고자 하지 않는다. 서로에 대한 기대감을 가진 것으로는 미성년과 성인의 상태를 규정하기 어렵지만 기대감이 가진 현실성으로는 이들의 상태를 구별할 수 있게 된다.

교인은 교회 내에 자신의 위치를 만들기 위해 교회의 요구를 충족해야 한다. 교회 역시 교인들을 묶어 두기 위해서는 교인들의 요구를 이행해야 한다. 서로에 대한 신뢰가 충분하다면 문제가 나타나지 않는다. 헌금을 많이 하기에 장로가 됐든, 장로가 되었기에 헌금을 하든 순서에는 큰 문제가 나타나지 않는다. 하지만 신뢰가 부족하다면 언제나 자신의 요구가 먼저 받아들여지길 요구하게 된다. 교인은 먼저 장로의 위치를 요구하며 교회는 먼저 헌금의 본이 되길 요구하는 것이다. 여기서 승자는 교회다. 교인은 신적 권위를 내세우는 교회를 이길 방법이 없기 때문이다. 유권자의 요구가 위정자의 요구보다 강력했던 적이 얼마나 있었는가? 유권자는 위정자의 공략이 자신에게 조금이라도 유리하길 바랄 뿐이다. 이처럼 교인들은 교회의 지배 행위가 가혹하지 않기만을 기대할 뿐이다.

교인은 교회에 대한 기대감에 그의 상태가 드러난다. 지배적 교회에 어떤 영향도 줄 수 없는 교인은 미성년 상태일 뿐이다. 교인은 교회가 변화되길 원하는 것만으로 성인의 상태라 주장하기는 어렵지만 결코 변화되지 않는 교회에 대한 앎은 교인의 상태를 성인으로 규정한다. 교회가 스스로 성인의 상태라 주장하기 위해서는 변화의 책임에 동의가 있어야만 한다. 변화는 기대가 아닌 현실이어야만 한다. 변화될 것이라는 기대는 끊임없이 교회나 교인을 미성년 상태에 머물게 할 뿐이다. '몇 살입니까?'라는 질문이 기대를 포함한다면 그 의미는 기대가 현실을 대신할 수 없다는 사실을 알고 있는 것이 된다. 기대 속에 숨은 실현 가능성에 대한 분명한 앎으로 성인과 미성년으로 구별된다.

의
지
의

나
이
。

두 살 터울인 딸이 동생의 크레파스를 어느 날부터 빼앗기 시작하였다. 부러진 크레파스는 항상 동생 손에 있고 멀쩡한 크레파스는 누나가 가지는 것이다. 동생은 자신도 그림을 그릴 수 있다는 사실만으로도 충분하였지만 누나는 좋아하는 색깔에 멀쩡한 크기의 크레파스가 필요해진 것이다.

'맛난 것을 먹고 싶다', '좋은 것을 갖고 싶다' 등은 자연스러운 욕구이다. 일반적으로 성인이 될수록 비교를 통해 더 맛난 것을 먹고 싶고, 더 좋은 것을 갖고 싶어

할 것이다. 먹는 것, 갖는 것 등을 동물적 본능이라 한다면 더 먹는 것, 더 갖는 것은 사람이 가진 고유한 본성이라 할 수 있다. 그렇기에 욕망의 크기는 성인과 미성년의 구별 기준이 될 수 없으며 겨우 사람임을 확인할 수 있을 뿐이다. 또한 욕망의 크기로 악하고 선함을 구별할 수도 없기에 사람의 상태에 대한 기준은 될 수 없다. '몇 살입니까?'라는 질문에 본능과 본성에 대한 이해를 첨가하면 의지와 연결된다. '당신의 의지는 본능에 의한 것인가? 본성에 의한 것인가?'로 볼 수 있게 된다. 또한 본능을 따르는 것으로는 성인과 미성년을 구별하기 어렵지만 본능에 대한 자세는 분명 구별 기준이 될 수 있다. 본능에 지배되어 억압과 착취를 가능케 하는 힘에 대한 소유는 성인됨의 책임과 연결될 수 있기에 의지의 방향에 따라 이기적·이타적으로 구별할 수 있게 된다.

멀쩡한 크레파스를 가지고 싶은 딸의 의지는 더 좋

은 것을 가지고 싶은 본성에 따른 것이기에 분명한 미성년 상태이다. 딸에게서 크레파스를 빼앗을 수 있는 힘이 있지만 본능과 본성을 억제한다면 성인의 상태라 주장할 수 있다. 이러한 문제는 종교에서도 나타난다. 본성에 지배되면 착취가 나타나며 본능에 이끌리면 방종이 된다. 올바른 종교라면 본성에 지배되지 않도록 이끌어야 하며 본능에 이끌리지 않도록 가르쳐야 한다. 이러한 도(道)는 분명 종교의 상태를 규정할 근거가 될 수 있다.

딸이 동생의 크레파스를 빼앗으며 지배와 착취를 하는 이유는 자신이 재미있게 그림을 그리기 위해서이다. 이러한 모습이 교회 헌금 활용에 나타난다. 헌금으로 교인의 재산을 교회가 대신 사용한다. 더 유용하게 더 효율적으로 사용할 수 있다는 주장은 본성에 지배되는 모습이며, 헌금의 사용으로 교회가 유지되는 것은 본능에 속한 것이다. 이러한 모습 속에 헌금에 대한 교회의 억제력이 없다면 그 교회는 분명 미성년 상태가 된다.

사회의 상태는 세금 이해로 구별할 수 있다. 수익에 대한 직접세와 구입에 대한 간접세 비율은 사회의 상태를 가늠할 수 있는 척도다. 직접세 비율이 높을수록 선진화된 사회라 할 수 있다. 간접세 비율이 높을수록 빈부격차는 줄어들지 않으며 특권층의 유토피아를 건설하는 사회라 하여도 무방할 것이다. 수익이 많은 자가 더 많은 세금의 책임을 지는 것이 공정하다 주장하는 자들도 있지만 세금의 책임은 같은 무게로 분담되어야 한다고 주장하는 자들도 있다. 이러한 모습이 교회에서도 나타나며 헌금에 대한 책임은 간접세처럼 책정된다. 물론 교회는 10분의 1이라는 직접세와 같은 형태를 주장한다. 하지만 교인의 상황이 적극적으로 반영된다면 10분의 9를 주장할 수도 있어야만 한다. 또는 어려운 형편에 맞게 헌금을 억제시킬 수도 있어야 한다. 심지어 마이너스 헌금을 주장할 수도 있어야 한다.

하지만 교회는 직접세와 같은 10분의 1을 고집하며 구입에 대한 간접세처럼 고정된 헌금으로 교인의 상황이 무시된 헌금을 주장한다.

교회는 교인의 재산을 파악하고 있는가? 정확하게 파악할 수 없는 것이 당연할 수도 있다. 그렇다면 일관된 가르침이 아닌 선택의 폭을 넓혀 주어야만 한다. 송아지를 드릴 수도 있지만 비둘기를 바칠 수도 있는 것이다. 이러한 헌금의 종류는 제사의 종류에 의해 규정되기보다 교인의 상황과 상태에 따라 스스로 선택하도록 해야 한다. 교회의 상태가 성인이라 주장한다면 이익을 위한 고집을 포기해야만 한다. 교회는 부러진 노란색 크레파스로도 충분히 그림을 그릴 수 있지만 더 멀쩡한 파란색 크레파스를 빼앗는 순간 자신이 원하는 그림을 그릴 수도 없으며 단지 욕심의 충족만이 나타나게 된다.

교회는 본능적으로 유지되고자 한다. 또한 본성에 의

해 더 잘 유지되고자 한다. 하지만 본능과 본성에 지배되는 교회는 지배와 착취의 미성년 상태로 남게 된다. 성인이란 본능과 본성이 사라진 상태가 아닌 그것보다 더 큰 의지를 가진 것이다. 그렇기에 미성년과 성인의 구별은 욕망의 크기가 아닌 의지의 크기로 구별해야 한다. '몇 살입니까?'라는 질문에 의지를 포함하면 '당신의 의지는 본능과 본성을 지배할 수 있는가?'의 물음이 된다.

경험의 나이。

나는 유치원을 3년 다녔고 초등학교와 중학교를 졸업하고 고등학교를 다녔다. 어느 순간 정신을 차리고 보니 대학을 다니고 있었다. 매 순간 스스로 선택하며 살아가고 있었다고 생각하였지만 성인이 된 지금 생각해 보면 부모님 또는 상황에 이끌려 살아왔던 것이었다. 결혼이나 취업 또는 자녀 양육이나 행복을 위한 노력 등에서도 상황에 이끌려 가는 이들이 있을 것이다. 수많은 경험을 하였다는 사실이 그를 성인 상태로 규정하는 기준이 되기는 어렵다. 많은 경험이 미성년을 성인 상태로 만들 수 있는가? 경험이 책임을 부여할지 의문이며 또한 경험이 의지를 강화할 수 있을지도 미심쩍다. 그렇기에 경험된 사실이 많은 것과 욕구의 크기는 미성년과 성인의 상태 앞에서는 비슷한 조건이 될 뿐이다.

경험이 지나온 시간으로 국한된다면 성인과 미성년을 구별할 근거는 될 수 없지만 지나온 상황과 그 상황을 대하는 자세 또는 상황에 대한 이해로 확장한다면 구별할 수 있을 것이다. 미성년의 상태는 자연적 경험의 축적이라 한다면 성인의 상태는 의도적 경험에 대한 도전이라 할 수 있다. '몇 살입니까?'라는 질문이 경험을 향할 때 그 의미는 '당신의 삶은 축적되고 있습니까?', '당신의 삶은 무엇을 향해 나아가고 있습니까?'의 의미가 된다.

자연적 경험의 양이 미성년을 성인으로 이끌지는 못한다. 유치원을 다니던 경험에 대학을 다니는 경험을 더한다 하여 성인으로 인정되는가. 축적된 경험의 양은 반드시 책임과 의무 또는 의지와 비례되어야 한다. 자연적 경험의 축적은 겨우 연대기적 나이와 연결될 뿐이다. 그렇기에 미성년과 성인의 구별은 의도적 경험에 대한 자세가 되어야 한다. 의도적 경험이란 배움이며 배움의 양과 배우는 자세 또는 배움의 실천은 성인의 상태를 규정할 기준이 될 수 있다. '몇 살입니까?'라는 질문에 의도적 경험인 배움이 포함될 때 그 의미는 '당신은 배우며 살아왔는가?', '무엇을 배우고 있는가?'로 볼 수 있게 된다.

많은 것을 경험하며 많은 것을 배우지만 의도치 않게 경험되고, 배우게 되는 것들이 있다. 그렇기에 의도치 않은 경험이 단순히 축적되는 자들이 있으며 반대로 그 경험을 통해 배우는 자들이 있다. 어린아이일수록 같은 곳에서 같은 사고를 당한다. 딸이 식당에서 뛰어다니다 식탁에 머리를 다친 적이 있었다. 그런데 딸은 지금도 식당에서 뛰어다닌다. 미성년의 상태는 경험이 배움으로, 배움이 삶으로 연결되지 못하는 것이다. 교회에서도 이러한 모습은 나타난다. 좋은 말로 순진하다 할 수 있지만 어리석다고도 할 수 있다. 종교생활이 행복을 가져다주는가? 헌금을 많이 할수록 원하는 부를 얻게 되는가? 출석을 열심히 할수록 신과 더 가까워지는가? 교인의 미성년 상태는 머리를 다친 아이가 또 식당에서 뛰어다니듯 경험을 통해 배움이 없는 것이다. 유독 교인들은 교회에 대한 실망과 상처가 많음이 신앙의 성인된 상태를 주장하는 데 사용된다. 실망과 상처를 참고 견디는 모습은 성인의 상태라 주장할 수 있는 근거가 될 수 있겠지만 반복된 실망과 상처에 안주하는 모습은 분명 미성년의 상태라 할 수 있다.

경험에서 배움은 배움의 방향을 정하는 자세와 연결되기에 변화된 삶으로 나타난다. 하지만 그 배움이 축적되는 경험의 양에 대한 자랑이 된다면 변화 없는 삶,

경험을 대하는 같은 자세만이 나타날 뿐이다. 아무리 많은 경험이라 할지라도 배움과 삶이 없다면 변화 없는 미성년의 상태일 뿐이지만 사소한 경험일지라도 배움과 삶이 있다면 성인의 상태가 된다. 성인은 더 이상 식당에서 머리를 다치지 않으며 교회에 대한 실망과 상처를 해결할 대안을 가지게 된다. 미성년은 자연적 경험만 끊임없이 축적되지만 성인은 새로운 경험으로 향하며 배움을 향한 의지가 축적된다.

종교생활을 오래 했다 하여 신앙의 성인 상태라 주장할 수 있는가? 보통 교회들은 1년 주기로 행사를 계획한다. 누구라도 1년만 교회를 다니면 언제쯤 무슨 행사를 할지 가늠할 수 있을 것이다. 2년, 3년이 되면 행사를 어떻게 하는지 알게 된다. 10년, 20년을 다니면 익숙한 행사에 식상한 느낌을 받게 된다. 목사의 설교 역시 마찬가지다. 한두 번 들었을 때는 신선하며 특별하다 여길 수 있지만 1년, 2년 듣게 되면 설교 시간이 지겨우며 10년, 20년이면 줄기 시작한다. 그렇지만 교인들은 오랜 시간 많은 경험을 축적하였기에 신앙의 성인 상태라 주장하는 것이다. 그렇다면 변화는 의미가 없다. 단지 축적된 자연적 경험의 양이 중요할 뿐이다.

'몇 살입니까?'라는 질문에 변화를 포함한다면 '당신은 배운 만큼의 변화가 있는가?', '당신의 의지는 배움에 적극적인가?'로 볼 수 있다. 성인이란 축적되는 경험을 자랑하는 모습이 아닌 변화에 대한 의지적 배움이 필요하다는 것에 동의한 자이다. 만약 신앙의 성인 상태라 주장한다면 반복되는 종교행위에서도 늘 새로운 발전이 나타나며 같은 목사의 한결같은 설교에서도 늘 변화되는 삶의 모습을 발견할 수 있을 것이다. 하지만 종교행위에 대한 참여, 수많은 설교를 들었다는 사실 등의 경험이 축적되어질 뿐 삶으로 나타나지 않는다면 당신은 여전히 미성년 상태일 뿐이다.

4장

관계적 나이

　대학교는 학번으로, 군대는 군번으로 선후관계가 형

성된다. 회사는 입사일이나 직위가 그 기준이 되기도

한다. 나이나 힘이 기준이 될 때도 있을 것이다. 사람과

사람을 구별하는 기준에는 선함과 악함 등의 옳고 그

름이 아니더라도 수많은 기준이 분명히 있다. 수많은

기준 중 선택된 기준은 사람이 사람을 대하는 자세를

이끈다. 두 사람 모두 같은 기준에 대하여 동의한다면

서로를 향한 자세에 충돌은 없겠지만 일방적 강요라면

분명 갈등이 생긴다. 이처럼 교회와 교인의 관계에 충

돌이나 갈등이 일어나는 것은 다른 기준으로 서로를 대하기 때문이다. 미성년과 성인의 구별은 충돌을 잠재울 기술이나 힘에 있는 것은 아니다. 또한 갈등을 무시할 무관심의 정도에 있는 것도 아니다. 미성년과 성인의 상태는 기준을 넘어 상대를 인격체로 보느냐 대상으로 여기느냐에 있다. 자기기준에 대한 고집보다 관계를 위한 기준을 선택할 수 있는 힘은 분명 성인의 상태를 보증한다. 교회와 교인의 관계 속에 미성년의 상태는 다양한 기준 중 선택된 기준을 고집함으로 교인을 변화시켜야 할 대상으로 여기며 성인의 상태는 상대를 인격체로 여김으로 선택된 기준을 고집하기보다 다양한 기준으로 다시금 관계를 정립하는 것이다. 결국 교회와 교인의 관계는 선택된 기준이 중심이 되는 것과 사람이 중심이 되는 것으로 구별되어 나타난다.

교회가 교인을 인격체인 사람으로 대할 수 있다면 그 교회는 성인 상태라 주장해도 된다. 하지만 교인보다 그들의 기준이 더 중요하다면 고집스러운 미성년 상태이다. 교인이 중요한 이유 역시 독립된 인격체이기 때문이지만 기능이나 가능성이 원인이 된다면 여전히 미성년 상태일 뿐이다. '몇 살입니까?'라는 질문에 상대를 대하는 자세를 포함한다면 존재에 대한 인정과 연결된다. 성인의 상태는 존재 자체를 인정할 수 있지만 미성년의 상태는 존재의 가능성이나 기능을 인정 또는 기대하는 것이다.

교회는 본을 보이는 곳이다. 만약 지시하는 기관으로 교인을 대한다면 분명 충돌이 일어난다. 만약 이러한 교회가 성인의 상태를 주장한다면 적어도 지시에 대한 책임을 인정해야 한다. 하지만 지시하는 것에 대한 책임보다 지시된 것을 이행할 책임이 더 크기에 교회의 기준 앞에 교인은 독립된 인격체가 아닌 변화시켜야 할 대상으로서의 인격체가 된다. 교회는 자신의 지시가 분명 옳은 것이라 주장할 것이다. 그렇다 한다면 변화

될 인격체에 대한 강조는 무한의 기다림을 수반해야만 한다. 만약 인격체의 변화를 기다리지 못한다면 교회의 지시는 순간적이며 충동적인 것이기 때문이다. 심지어 악한 의도를 품고 있는 것이며 숨기고 싶은 것이 폭로되기 전 자신의 목적을 이루고 싶기 때문이다.

교회의 지시는 종교행위로 나타난다. 종교행위를 가르치며 교육시킴으로 규정된 틀 속에서 교인을 양성한다. '교회 밖에는 구원이 없다'고 주장하는 중세적 교회의 모습을 쉽게 찾을 수 있다. 심지어 '우리 교회 밖에는 구원이 없다'는 주장처럼 들리는 더욱 발전된 자기 자랑이 넘쳐난다. 교회는 대상의 폭을 넓히며 또한 가능성과 기능으로 교인을 묶음으로 지배할 수 있는 성인의 상태라 주장하는 것이다. 교회는 예배를 가르친다고 주장하지만 예배의 틀을 교육하는 것이다. 그리고 예배의 틀에 맞춰진 교인을 만들어 낸다. 이후 교회는 그 교인에게서 다시금 예배에 필요한 각종 재원을 얻게 된다. 만약 예배의 틀에 맞춰진 교인을 얻었지만 그 교인이 어떤 도움이나 가능성, 기능이 없다면 빠른 판단력으로 다른 대상을 물색하게 된다. 교회가 지시하는 종교행위는 교인을 위한 것인가, 교회를 위한 것인가? 교회가 교회를 위해 종교행위를 지시한다면 교인은 단지 교회의 요구에 독립된 인격체로 남을 수 없게 된다. 독립된 인격체의 교인에게 강압적이거나 회유적 방법으로 변화를 강요한다면 교인을 대하는 자세에 있어 분명 미성년 상태가 된다. 교회의 성인의 상태는 교인의 독립된 인격체의 자연스러운 변화를 기다릴 여유에 있다. 그렇기에 종교행위의 양육이나 교육으로 주장되는 사육이 없을수록 성인의 상태라 주장하기에 가깝게 된다.

교인들은 교회의 지시에 순응함으로 신앙적 성인 상태라 주장한다. 교회가 높은 곳에서 교인을 돌보고 있다면 교인은 언제나 낮은 곳에서 교회를 우러러보고 있다. 그렇기에 교회의 요구에 대한 확실하고 분명한 기능적 수행으로 교인은 성인 상태라 인정받고 싶어 한다. 극단적 예를 들면 한겨울 난방비가 없어도 십일조는 해야 하며 맹장 수술을 하여도 예배 출석은 해야만 한다. 결혼반지를 팔아서라도 주일 점심식사 봉사를 해야 하며 늦잠 자는 아들을 때려서라도 주일학교를 보내야만 한다. 회사가 부도가 나도 교회에서는 아무렇지 않은 듯 기계적 고백을 하고, 아들이 먼저 죽음을 맞이해도 하나님의 뜻이기에 감사한다는 신앙의 표현을 한다. 이러한 극단적 모습은 교인 스스로 독립된 인격체이기를 포기한 모습이며 교회의 종교행위에 맞춰진 변화된 인격체임을 주장하는 것이다. 또한 주어진 상황에 대한 인정이 아닌 기대와 기능으로 인정받기를 원하는 것이다. 교인이 성인의 상태를 주장한다면 상황에 대한 정직함이 선행되어야 한다. 교인은 교회의 종교행위에 의해 평가되지 않는다는 사실을 알게 될 때 성인의 상태를 주장할 수 있다. 교인의 성인의 상태는 교회와 교인을 수직관계에서 수평관계로 알게 하기에 교회를 대하는 자세 역시 지배적 모습이 나타나지 못하게 된다.

교회가 교인을 종교행위로 지배한다면 교인은 교회를 재정이나 출석으로 압박한다. 성인의 상태가 힘의 우위에 있다면 이 둘의 힘겨루기는 성인의 상태를 이루기 위한 노력이 될 것이다. 하지만 지배력이나 장악력은 오히려 미성년의 고집스러운 자기주장과 가깝다. 성인일수록 상대를 대하는 자세는 배려가 담겨 있기 마련이다.

교회를 우러러보는 자들 대부분은 목사를 신과 더 가까운 자로 이해한다. 초신자일수록 목사의 위치는 높은 곳이며 오랜 종교생활에 익숙한 사람일지라도 외형상으로는 목사를 존중한다. 월급이나 퇴사를 요구하며 목사를 압박할지라도 언제나 당회 깊숙한 곳에서 은밀히 이뤄지는 거래이기에 목사와 교인의 외형적 관계는 선후가 분명히 나타난다. 혹시 목사의 설교가 이상하다고 여긴 적이 있는가? 뜬금없이 사례비의 정당성이나 목사의 권위를 강조하는 듯한 설교를 들었다면 분명 숨겨진 압박이 있었을 것이다. 초신자들이 이러한 설교를 듣게 되었다 하여 실망할 필요는 없다. 목사의 설교가 욕심을 표현한 것일지라도 당신에게 어떤 영향도 주지 못하기 때문이다. 하지만 초신자인 당신은 이러한 상황에서 성인의 상태가 될 수 있는 좋은 계기가 될 수도 있다. 당신은 목사가 그러한 설교를 할 수밖에 없는 이유를 생각할 수 있어야 한다. 압박이든 욕심이든 목사의 상태를 이해하려는 노력은 분명 당신을 미성년 상태에서 벗어나게 할 것이다.

자신의 상황에 필요한 정답을 요구하는 교인의 상태는 분명 자기중심적인 미성년 상태이다. 정답을 제시하고자 하는 노력은 교회 역시 미성년 상태로 남게 한다. 심지어 정답이기에 이행하도록 지시하는 것은 미성년 상태의 확증이 된다. 이러한 거래관계는 교회와 교인

모두 미성년 상태에 머물게 하는 것들이다. 거래관계의 자기중심적인 고집은 상대를 대하는 태도의 미성년 상태이기 때문이다.

성인의 상태는 언제나 배려를 기초로 한 자세를 유지한다. 교회는 교인을 배려하는가? 혹은 교인은 교회를 배려하는가? 교인은 목사를 배려하는가? 이런 문제는 '돕는 행위'라기보다 '더불어 살아가는 것'에 가깝다. 돕는 행위로 배려를 규정한다면 상황에 대한 이해와 실제 필요에 대한 나눔으로 볼 수 있지만 숨겨진 문제가 있기에 충돌의 가능성이 남게 된다. 도움을 위한 손해를 받아들일 수 없다면 결국 갈등이 나타나며 곧이어 충돌을 불러오기 때문이다. 하지만 더불어 살아가는 것은 갈등이나 충돌까지도 삶의 모습으로 포함되기에 깊은 배려의 실현으로 볼 수 있게 된다.

교회가 교인을 배려한다면 강압적 강조와 지시는 유연한 요구나 제시로 나타나야만 한다. 교회 출석을 중요한 것으로 여기는 자는 교회뿐이기에 교회는 종교행위를 유연한 요구사항으로 가르칠 수 있어야만 한다. 교인의 상황에 대한 충분한 이해와 교인들과 함께 살아가기 위한 교회의 노력은 종교행위에 대한 참석을 선택의 문제로 여겨야만 한다. 교인이 교회를 배려한다면 교회의 종교행위에 대한 자발적 참여는 당연한 것이 된다. 교회의 강제력이 나타나기 전, 교회의 미성년 상태가 나타나기 전 교인은 먼저 성인의 상태를 표현함으로 미성년의 교회를 성인의 상태로 이끌 수 있게 된다. 미성년의 고집스러운 주장이나 강압적 강조는 자발적 교인들의 성인 상태 앞에 무기력한 것으로 고발당하며 교회는 지시하는 미성년 상태의 무가치를 알게 된다. 결국 교회와 교인의 상태는 상대를 대하는 자세로 자신의 상태가 나타난다. 또한 자신의 상태는 상대의 상태를 이끌 수 있기에 먼저 성인된 자에 의해 서로 성인으로 되어 간다.

교회가 교인을 지배하는 방법은 종교성이며, 교인이 교회를 지배하는 방법은 사회성에 기초한다. 하지만 교회가 교인을 위해 희생하고 있다는 주장은 사회성을 근거로 하며 교인이 교회를 위해 희생하고 있다는 이면에는 언제나 종교성이 들어 있다. 결국 종교성과 사회성은 사용 방법과 방향에 의해 지배적일 수도, 희생적일 수도 있다. '당신의 나이는 몇 살입니까?'라는 질문에 종교성과 사회성을 포함하면 그 의미는 올바른 방법과 방향성이라는 의미를 가지게 된다.

교회가 종교성으로 교인을 지배하는 모습을 변호해 본다면 교인 스스로 종교성으로 교회에 희생하고 있다고 주장하기 때문이다. 그렇기에 종교성에 대한 강조는 더 이상 지배의 모습이 아닌 교인의 자발적 요구이며 교인의 필요를 채워 줄 교회의 반응이 된다. 어려운 경제 형편에도 헌금을 하는 교인이 교회를 지배하기 위해 경제적 압력을 행사한다고 주장하는 경우를 본 적이 있는가? 표면적으로 헌금이 신적 도움을 이끌 수 있다고 주장하는 교회를 본 적이 있는가? 그럼에도 더 강하게 헌금을 강요하여도 자신의 교회가 심각하게 잘못되었다고 주장하는 교인들은 찾기 어려울 것이다. 왜냐하면 그렇게 주장할수록 종교성으로 희생하는 교인은 자신만의 거룩함을 상실하기 때문이다. 거룩한 신앙인처럼 보이기 위한 노력으로 교회의 종교적 지배를 울며 겨자 삼키듯 견뎌야 할 고난쯤으로 생각하기 때문이다.

종교적 희생이라 주장함으로 교인은 교회의 요구에 스스로 지배당하지만 그들의 사회적 모습에서 행복을 발견하기 어렵게 된다면 그 불만은 언젠가 교회를 향해 토로된다. 교인의 숨겨진 사회성이 교회를 향해 불만을 토로할 때 갈등이 나타난다. 결국 교인의 종교성과 사회성의 부조화는 사회를 향해 교회의 잘못을 지적하기보다 교회를 향해 사회적 불만을 표현한다. 종교성에 의한 불만을 교회에 토로하는 것이나 사회성에 의한 억울함을 사회에 표현하는 것은 당연한 것이지만 상관없는 대상을 향한 표현은 미성년자의 투정이라 할 수 있다. 교인이 성인 상태를 주장하기 위해서는 교회를 향한 종교적 희생에 대하여 사회적 만족을 요구할 수 없어야 하며 사회성으로 교회를 지배하고 있는 뒷면에 대하여 충분한 앎이 필요하다. 또한 사회성으로 교회를 지배하고자 하는 자신의 모습에 대한 앎은 다시금 종교성으로 교회를 향해야만 한다. 결국 헌금은 사회를 지배하기 위한 방법이기에 그 많고 적음이 교회가 요구하는 종교성과 무관한 것임을 아는 것이며 헌금 행위는 교인의 종교성에 근거한 것이 아님을 아는 것이다.

교회 역시 교인을 지배하기 위해 종교성을 내세우지만 그 요구는 언제나 사회성을 벗어나지 못한다. 교회의 요구에 충실히 답하는 교인들의 종교행위의 결과가 교회에 사회적 만족을 주지 않는다면 갈등이 나타난다. 교인의 수가 늘지 않으며 교인의 헌금이 늘지 않으며 교회의 크기가 변함 없다면 교회는 교인의 사회적 만족을 담보한 종교행위를 강조하게 된다. 결국 헌금으로 부자가 될 수 있다는 가르침이 넘쳐나게 되며 종교성으로 사회성을 포장한다. 심지어 교회는 사회적 희생을 하고 있는 것처럼, 교인의 실제 삶에 대한 도움을 주고 있는 것처럼 선전한다. 예배를 충실히 드리는 것이 사회적 만족을 이끌고 있는가? 수많은 종교행위가 넘쳐 나는 교회가 교인을 위해 실제 희생하고 있는 부분은 어떤 것인가? 극단적인 예로 교인이 교회에서 돈을 빌릴 수 있는가? 교회는 언제나 빌려주고 또한 그냥 줄 수 있다고 말하며 사회성을 강조하지만 현실로 이뤄진 경우를 본 적이 있는가? 교회는 교인을 향해 사회적 희생을 하고 있는가?

다섯 살 아이가 화가 나서 밥을 먹지 않는다면 밥을 먹지 않는 희생인가? 아니면 밥을 먹지 않는 것으로 부모를 지배하는 것인가? 지배와 희생의 차이를 알지 못한다면 미성년 상태일 뿐이다. 교회와 교인이 희생을 주장하는 것은 교회의 사회성과 교인의 종교성이지만 서로를 향한 지배행위는 교회의 종교성과 교인의 사회성이 되고 어린아이의 밥투정과 차이를 발견할 수 없게 된다. 교회는 사회적 희생을 말하지만 종교적 지배행위를 하며 교인은 종교적 희생을 말하며 사회적 지배행위를 이어 간다. 그렇기에 이러한 미성년 상태는 교회와 교인의 갈등으로 나타난다.

교회가 선교 후원으로 사회적 희생을 주장한다면 바로 옆에 있는 교인을 향한 현실적 희생도 포함되어야만 한다. 교인이 헌금으로 종교적 희생을 주장한다면 종교적 행위로 인한 종교적 만족에만 머물러야 한다. 이러한 상태는 적어도 미성년의 상태는 아닐 것이다. 또한 교회는 사회적 희생에 대하여 교인에게 종교적 희생을 강요하지 말아야 하며 교인은 종교적 희생으로 교회에 사회적 만족을 요구하지 않아야 한다. 이러한 상태는 적어도 종교적 성인이라 주장할 수 있을 것이다. 하지만 희생이라는 명분이 지배에 정당성을 주장할 용도로 사용되는 것이나 희생으로 지배를 이루고자 한다면 분명 미성년의 상태가 된다.

미성년은 결코 지배할 수 없는 위치이다. 또한 희생이 필요 없는 상태이다. 하지만 성인은 지배할 수 있으며 또한 희생할 수 있는 위치이다. 그렇기에 교회와 교인의 지배와 희생의 모호한 적용은 미성년의 상태로 성인의 위치를 주장하는 부조화의 모습이다. 교회와 교인은 부분적 성인의 상태를 주장할 수 있지만 조화로움 앞에 분명 미성년의 상태가 확인된다.

착
취
와

나
눔
의

나
이
。

자기중심적인 사람은 나를 위해 상대를 이용하는 착
취가 익숙하다. 이러한 부류의 사람이 성인의 상태를
주장하는 것은 이용할 수 있는 힘의 소유에 있다. 이용
할 수 있는 힘을 가진 자를 성인이라 한다면 미성년의
상태는 이용당할 수밖에 없는 힘없는 상태가 된다. 앵
벌이를 요구하는 아비를 성인 상태라 주장한다면 사회
적으로도 외면받을 것이다. 하지만 종교적으로 앵벌이
를 요구하는 자를 돌봄의 주체라 여기며 성인의 상태
라고 주장하는 경우가 심심찮게 나타난다. 앵벌이를 요

구하는 아비는 사회적 책임을 볼 때 미성년 상태이며 사회적 돌봄을 받아야 할 위치일 뿐이다. 그러한 자가 단지 연대기적 나이를 주장하며 자녀에게 앵벌이를 요구하는 것은 관계적 힘을 이용해 성인이며 아비라 주장하는 것일 뿐이다. 사회는 이러한 모습을 돌봄이 아닌 착취라 규정하며 착취하는 자를 규제함으로 앵벌이하는 자와 앵벌이를 요구한 자 모두를 미성년의 상태로 취급한다.

교회가 교인을 지배함으로 얻는 결과와 앵벌이를 요구하는 아비의 결과가 비슷하다면 교회와 아비는 같은 상태라 보아도 될 것이다. 자녀의 앵벌이로 부를 축적하는 아비와 교인의 헌금으로 부를 축적하는 교회의 모습이 비슷하다면 교회의 돌봄은 아비의 착취와 다를 바 없어진다. 교회가 아무리 아비의 위치를 강조하며 돌봄을 이행하고 있다 주장하여도 그것은 자녀를 앵벌이로 내모는 미성년의 상태인 아비의 모습일 뿐이다.

'몇 살입니까?'라는 질문에 관계적 힘을 더한다면 그 의미는 관계적 책임수행과 연결된다. 아비와 자녀의 관계에서 책임수행은 분명 성인 상태를 알 수 있게 한다.

교회가 성인의 상태를 주장한다면 교인을 향한 관계적 책임 수행을 충실히 해야만 한다. 그렇기에 교회와 교인의 관계에 대한 정립은 책임수행의 기초가 된다. 교회는 교인에게 받는 곳인가, 주는 곳인가? 혹은 주고받는 것은 무엇인가? 교회가 교인에게 줄 수 있는 것이 있는가? 교회는 겨우 종교행위를 베풀 뿐이다. 교회는 종교성을 나누기에 적어도 종교성에 대한 책임을 가져야 한다. 종교성에 대한 책임은 나눔의 주체인 교회의 몫일 뿐이기에 교인에게 종교성을 요구할 수 없는 것으로 나타나야 한다. 하지만 종교성을 나눔이 다시금 교인에게 종교성을 요구함으로 나타난다면 교회의 나눔은 착취를 위한 포석이 될 뿐이다.

거래관계가 아니라 주장하며 교회에 자기희생을 바

치는 교인은 그 책임을 감당해야만 한다. 교인의 나눔에 어떤 목적이 숨어 있다면 거래관계가 아니라 주장할수록 착취행위임이 드러나게 된다. 자신의 것을 나누었기에 그만큼 다시 돌려받는 것을 거래관계라 한다면 나눈 것보다 더 많은 것을 원하는 것은 착취의 시작이다. 이러한 상태는 가치비교에 있어 자기기준을 고집함으로 정당성을 덧입힌다.

앵벌이하는 자녀의 가치와 앵벌이를 요구하는 부모의 가치의 비교는 힘을 소유한 자에 따라 달라진다. 미성년 상태의 부모가 관계적 힘으로 정당성을 주장한다면 책임수행은 언제나 앵벌이를 해야만 하는 자녀의 몫이 된다. 교회와 교인 역시 이와 유사한 관계적 힘으로 서로에게 정당성을 주장하기에 서로에 대한 나눔은 결국 착취로 연결되는 것이다. 나눔이란 상대를 위해 자신을 이용한 결과이며 착취란 나를 위해 상대를 이용한 결과이다. 돌봄이 필요한 미성년의 상태는 자기중심적이기에 언제나 상대를 이용한 결과에 도움을 받지만 성인의 상태는 자신을 이용한 결과, 즉 희생에 대한 책임을 스스로 지는 것이다. 교회와 교인의 성인과 미성년 상태는 관계적 힘에 의해 책임수행의 자리에 대한 분명한 앎에 있게 된다. 성인의 상태는 나눔으로 착취당하는 희생으로 책임수행의 자리를 인정하며, 미성년의 상태는 착취로 나눔을 요구할지라도 스스로에게 정당성을 부여할 힘의 자리에 있기를 원한다.

5장

가정의 나이

가족은 끊을 수 없는 강력한 관계적 약속이다. 이 약속은 하늘로부터 주어진 것이며 이 땅에서 확실하고 분명하게 드러난다. 하지만 완전한 하늘의 약속이 미성숙한 이 땅의 약속 이행 탓에 분리된 듯한 가족관계가 나타난다. 하늘의 약속을 이 땅에서 온전히 이루어 갈 때 가족은 가정이 된다. 그렇기에 가정의 성숙됨은 가족관계를 온전히 하는 것이며 가족관계의 성숙됨을 통해 구현된다.

행복한 가정이란 가족의 관계적 행복이다. 가정의 파

괴란 가족관계를 형성하는 약속이 지켜지지 않은 것이다. 그렇기에 가정이라는 완전한 하늘의 모습을 가족관계를 통해 확인하고자 할 때 우선되는 두 약속부터 이해해야 한다. 혈연이라는 하늘로부터 부여된 약속, 그 약속에 대한 동의와 의지적 결단으로 이룬 사회적 계약이 그것이다. 이 두 약속은 모두 하늘로부터 시작되었다는 공통분모를 가지고 있다. 대부분의 사람들은 혈연관계는 하늘이 정한 것이라 여기지만 사회적 계약인 결혼은 하늘로부터 부여된 약속보다 자신들의 의지와 결단이 기초라 여긴다. 가정을 이루고 있는 두 약속인 부모·자녀 관계와 부부관계에서 이미 서로 다른 이해를 하는 것이다.

가정의 행복을 추구하면서도 행복을 발견할 수 없는 이유는 시작부터 다른 두 이해가 부조화되기 때문이다. 심지어 하늘의 약속과 자신의 의지라는 두 이해를 상호 편의에 의해 적용함으로 불행만이 발견될 뿐이다.

부모·자녀 관계의 약속과 부부관계의 약속에 대한 다른 이해를 가짐으로 두 이해의 충돌이나 부조화는 가정의 미성년 상태이다. 하지만 두 이해의 공통분모에 대해 같은 의지를 가지는 조화로운 가정은 성인 상태의 시작이 된다.

가족에 대한 기준이 모호하다면 가정에 대한 평가도 모호해진다. 가족 구성원 개인에 대한 평가의 종합이 가족에 대한 평가가 된다면 결코 가정은 알 수 없는 상태로 남는다. 하지만 가족 관계에 대한 평가는 분명 가정을 이뤄 가는 지침을 제공한다. 가정에 대한 정의를 가족관계에서 발견할 때 더 중심적인 가족관계의 공통된 약속을 알아야 하며 그 약속에 대한 책임이 약속이행으로 나타날 때 더 이상 가정은 미성년의 상태가 아닌 성인의 상태로 성장하며 성숙되어 갈 것이다.

부모됨의 나이.

하늘로부터 부여된 약속인 부모·자녀 관계는 인간의 의지와 결단에 어떤 영향도 받지 않는다. 무조건적이며 필연적인 것으로 이 약속은 분명한 약속이행만을 요구할 뿐이다. 하지만 만약 당신의 의지가 하늘로부터 부여된 약속에 반한 행위로 나타난다면 하늘의 약속된 가정이 되지 않는다 하여 어떤 이의도 제기할 수 없게 된다. 결국 당신은 불행한 가정에 해결방법을 찾을 수 없을 것이며 또한 원망의 대상도 발견할 수 없는 외로운 상태가 될 것이다. 이러한 가정은 미성년의 상태이지만 약속의 주체로부터 돌봄의 대상이 되지 않기에 비참한 것이 된다. 사회적 돌봄은 개인의 미성년 상태에 대한 책임을 질 수 있지만 또 다른 사회인 가정에 대하여는 서로 독립된 관계적 책임만이 있기에 당신 가정의 불행한 미성년 상태는 결국 당신이 오롯이 감당해야만 하는 것이다.

부모는 하늘로부터 부여된 약속을 이행해야만 한다. 부모는 부모로써 자식은 자식으로써 무엇인가를 해야 하는 것이다. 하지만 무엇을 해야 하는지 알지 못한다면 약속이행은 쉬운 것이 될 수 없다. 약속이행을 위해 아무리 노력하여도 가정은 점점 더 불행해질 수 있는 것이다. 노력하여도 이 관계가 파괴되는 결과로 이어지는 것은 알지 못하는 약속에 대한 열정 때문이다. 이러한 경우 흔히 자신의 열정에 비례한 실망이라는 불행한 가정이 나타난다. 하지만 어떻게 열정이 실망이라는 결과를 가져오는가? 또는 실망이라는 결과를 위해 열정을 쏟을 수 있을까? 당신이 간과한 약속이행들보다 더 근원적인 약속에 대한 분명한 앎은 이러한 결과가 아닌 다른 결과를 가져올 것이다.

부모는 자식에게 무엇을 해야 하는가? 하늘로부터 부여된 부모와 자식의 관계에서 부모에게 요구하는 약속이행은 무엇인가? 하늘은 분명 부모에게 자식이라는 약속의 구체적 모습을 보였다. 그렇다면 자식을 향한 약속이행은 부모의 부모됨의 근거가 될 것이다. 핏줄을 이었다는 것만으로 부모라 할 수 있는가? 또는 양자관계 서류를 작성했다 하여 부모가 되었다 할 수 있는가? 이러한 경우는 핏줄이나 서류작성으로 부모가 된 것이며 미성년 상태이다. 이러한 미성년의 부모가 자녀에게 부모로서 대접받기를 요구한다면, 즉 부모의 노력에 대한 결과를 자녀가 주지 못한다면 이 관계는 가정의 불행으로 나타나게 된다. 미성년 부모는 자녀에게 어리광을 부리고 때를 쓰며 돌봄을 요구하는 등 하늘이 부여한 약속이행을 할 수 없다.

태어난 자식의 눈을 처음 보았을 때를 부모는 잊지 못할 것이다. 손가락을 꽉 쥐는 손처럼 아름다운 것을 보지 못했을 것이다. 오동통한 발을 얼굴에 비비며 황홀해했을 것이다. 아기가 처음 말을 할 때면 모든 부모들은 갑자기 모자란 듯 어눌한 말투가 된다. 아이의 어리광을 보는 것은 부모로서 무한한 영광이기에 그 앞에서는 나이도 잊은 채 부끄러움이 사라진다. 하지만 그 아기는 점점 자라며 어린이가 되고 청년이 된다. 기저귀를 갈아주며 젖병을 물려 주었던 부모의 약속이행에 어떤 변화가 필요해지는 것이다. 만약 부모가 자녀에게 하늘로부터 부여된 약속을 이행하는 것이 더 이상 발전되지 않는다면 부조화가 나타나게 된다. 또는 잘못된 약속 이행을 하여도 결과는 같다. 젖먹이에게 고기를 주는 것이 부모의 약속이행이 된다면 불행한 가정이 되는 것이다.

부모가 되었다는 것은 개인적 성인이라 할 수 있지만 부모됨에 있어서도 미성년에서 성인으로의 성장이 필요하다. 자녀의 성장에 따라 부모도 성장해야 하며 자녀의 올바른 성장에 따라 부모로서의 올바름도 성장해야만 한다. 하지만 부모는 언제나 자녀보다 먼저 성장해야 하는 위치이다. 왜냐하면 어떤 경우에도 부모 없는 자녀가 없기 때문이며 부모는 하늘이 부여한 약속으로 자녀가 주어질 것을 미리 알고 있었기 때문이다. 그렇기에 부모의 부모됨은 자녀에 대한 준비부터 시작된다. 이 준비는 부모의 상태를 미성년과 성인으로 구별할 수 있게 한다. 적어도 부모는 임신 기간만큼 자녀보다 앞서 있으며 이미 개인적 성인의 상태에서 미성년의 자녀를 기다리기 때문이다.

부모됨이란 자녀보다 먼저됨을 의미한다. 먼저됨이란 곧 자녀를 위한 준비이며 필연적으로 맺어진 관계에 위임된 약속이행이다. 부모는 개인적으로 자녀보다 먼저 성인 상태가 되었기에 자녀를 양육할 수 있을 것이다. 하지만 아직은 부모의 성인됨이라 할 수 없다. 부모됨은 먼저 성인됨이라는 개인적 모습이 아닌 먼저 부모의 성인됨이라는 관계적 모습에 있어야 한다. 그렇기에 개인적 성인됨으로 연대기적 성장이나 사회적 책임수행으로 성인됨을 선보이는 것은 부모됨의 고유한 영역이 되지 못한다.

자녀를 위한 먼저됨, 준비됨에 대한 오해는 하늘로부터 부여된 약속인 자녀를 위한다는 명분과 그 약속이 행으로 자녀를 키워야 하는 대상으로 이해하는 것이다. 그렇기에 오해된 준비됨은 키움의 자양분에 대한 것이며 먼저됨은 키움의 최종적 결과에 대한 자신의 욕망에 관한 것이 된다. 자녀를 위하는 미성년의 부모는 자녀를 위한다는 명분에 자신의 노력과 욕심을 녹여낸다. 이러한 결과는 사례가 많다. 적극 지원하여도 명문대학을 가지 못하는 자녀를 둔 가정에서 행복을 발견하기 어려운 이유이기도 하다. 이 부모는 자녀를 위해 준비하였다고 주장할 수 있다. 많은 돈을 모았고 좋은 과외수업을 받게 하였다. 또한 이러한 것들을 아낌없이 물려주었다. 이제 자녀는 명문대학에 들어갈 수 있는 더 유리한 길을 얻게 되었다. 그렇기에 분명 명문대학을 가야 한다. 하지만 자녀가 하고 싶은 것에 대하여 알지 못한다면 또는 명문대학에 진학하지 못한다면 어떻게 될까? 하늘로부터 부여된 약속으로 자녀를 인정하며 그 약속이행으로 자녀를 위해 많은 것을 준비하고 먼저 그렇게 됨으로 본을 보였음에도 그 결과가 불행하다면 이 약속의 주체인 하늘은 분명 불행의 근원이라 할 수 있다. 당신은 당신에게 불행을 주는 하늘을 얼마나 신뢰할 수 있는가? 많은 사람들이 절대적 약속에서 문제를 찾고자 하지만 문제의 중심은 언제나 약속이행의 잘못된 방향에 있는 것이다. 또한 잘못된 약속이행이 될 수밖에 없는 이유는 개인의 성인 상태가 부모의 성인 상태를 보증할 수 있을 것이란 착각 때문이다.

　부모로서 아비나 어미는 무엇을 해야 하는가? 남자의 성인됨과 여자의 성인됨이 만나 부모의 출발이 되었다면 그 시작을 성인됨이라 할 수 있는가? 부모란 아비와 어미의 만남이라는 새로운 시작이기에 모든 부모는 그 처음이 미성년의 상태일 수밖에 없지 않는가? 갓 태어난 아기처럼 부모라는 상태는 배워야 하며 도움을 받아야만 하는 돌봄의 대상이다. 하지만 이러한 부모를 돌보아야 하는 그들의 부모에게서 배움이 적었기에 미성년의 부모됨이 이어지는 것이다. 그렇기에 부모됨의 시작은 부모들에게 배운 바를 확인해야 하며 그들 부모들의 미성년 상태와 성인의 상태를 확인하는 것에서 출발한다. 연대기적 성인됨처럼 부모의 성인됨을 주장한다면 그 누구보다 행복하길 바라는 당신의 자녀는 겨우 당신 정도의 행복에 머물게 될 것이다. 혹 당신이 불행하다면 당신의 자녀도 불행해질 것이다. 모든 부모들은 미성년과 성인 상태의 부모됨에서 아비와 어미의 역할을 고려해야만 한다.

경제적으로 자녀를 위한 아비의 역할은 수입에 관한 것이며 어미의 역할은 지출에 관한 것을 담당하는 것이 일반적이다. 그러나 경제활동을 하는 것이 부모됨의 성인 상태라 주장한다면 겨우 유아기의 자녀에게나 통용될 것이다. 부모들이 헌신적인 경제활동으로 당신을 키웠다면 당신도 자녀에게 같은 모습을 보일 수 있다. 아비와 어미는 자녀를 위한다는 경제활동으로 행복할 수 있으며 자녀는 부모로부터 물려받은 경제활동의 결과로 행복할 수 있을 것이다. 하지만 부모·자식 관계에서의 행복은 어떤 것이 있는가? 관계적 행복을 발견할 수 없다면 그 가정을 행복하다 할 수 있을까? 개인적 행복의 조합으로 가정의 행복을 지지한다면 적어도 기러기 가족은 불행하지 않아야 한다. 또한 아비와 어미의 행복이 자녀의 행복과는 구별되어 다뤄져야 한다. 부모의 큰 행복이 자녀의 작은 불행을 덮을 수 있어야 하듯 가정의 개인적 행복이 조합된 평균치는 부모와 자녀에게 고루 분배되어야 한다. 실례를 들어 보면 이해가 갈 것이다. 돈을 많이 버는 부모는 행복할 수 있다. 한편 대학을 떨어진 자녀는 불행할 수 있다. 이러한 사실 앞에 부모·자녀 관계의 행복을 찾기 위해 어떤 노력을 할 수 있는가? 대학을 떨어진 자녀에게 돈을 한 다발 안겨줌으로 부모의 행복과 자녀의 불행이 상쇄될 수 있는가?

개인적 행복과 관계적 행복은 전혀 다른 시작점을 가지기에 조합될 수 없는 것이다. 개인적 행복은 역할에서 시작되며 관계적 행복은 방향에서 나타난다. 부모 역할에서 개인적 행복을 발견할 수 있지만 부모·자식 관계의 행복을 찾을 수 없는 이유는 방향에 대한 이해가 다르기 때문이다. 그렇기에 은연중 자녀의 방향을 부모에게 맞추기 위한 강압적 요구가 나타나기도 한다.

이것이 자녀에게 더 좋은 것이라는 이유로 자녀의 방향에 대하여 알기를 포기하는 것이다. 결국 부모의 미성년 상태는 무관심으로 나타난다. 아비와 어미의 개인적 성인 상태를 주장함으로 자녀의 미성년 상태를 유지하며, 더 좋은 것이라는 이유로 방향의 올바름에 무지한 것이다.

개인적 행복에 익숙한 역할에 충실하고 그것이 관계적 행복을 위한 방법이 될 때 가정의 행복은 찾을 수 없게 된다. 부모의 역할이 아비와 어미의 역할로 분리될 때 가정은 분리된 관계가 되며 분리된 관계에서 당연히 관계적 행복은 나타나지 않게 된다. 아비와 어미의 역할은 자녀 앞에 위치한 부모라는 통합된 새로운 역할수행으로 나타나야 한다. 결국 아비나 어미의 역할은 자녀 앞에서 통합된, 조율된 방향을 가진 부부됨으로 부모됨을 이루는 것이다. 아비와 어미라는 분리된 관계에 부모라는 통합된 관계를 먼저 선보이는 것이며 올바름을 향하는 방향을 먼저 준비하는 것이다. 부모는 올바름을 향해 먼저 한 발 내딛고 자녀를 그 길로 초청함으로 부모·자녀 관계를 시작해야 한다. 아비와 어미의 개인적 역할보다 더 중요한 관계적 방향은 올바름을 향하는 것으로 준비되어야 한다. 이러한 부모는 돌봄의 주체가 되며 자녀에게 방향을 제시함으로 관계적 행복을 추구하게 된다. 키움이란 의도된 결과를 제시하는 것이고, 자라게 두는 방치가 아닌 올바른 방향을 제시하는 기다림이다. 부모됨의 성인 상태는 자녀에 대한 기다림에서 시작된다.

자
녀
됨
의

나
이
。

　부모의 관점에 서면 자녀를 언제나 미성년 상태로 취
급한다. 다섯 살 자녀가 안아 달라 조르면 못 이긴 척
안아주지만 기쁨이 있다. 하지만 아비의 손을 뿌리치고
도로를 건너겠다고 뛰어갈 때 해방감을 느끼는 부모가
있을까? 자녀를 향한 부모의 걱정은 평생 어린 자녀에
게 구속되어 자신의 인생을 포기할 만큼 강력하게 다
가온다. 자녀가 성장하여 연대기적 성인이 되었다 하여
부모의 심정이 바뀌는가? 자녀가 태어날 때 이미 부모
는 자신의 인생을 자녀를 향해 던졌기에 성인이 된 자

녀를 향한 부모의 관점에는 변함이 없는 것이다. 칠순을 넘은 부모가 불혹의 아들에게 차 조심 하라고 할 때 부모를 향해 자신이 성인이라 주장하며 쓸데없는 걱정이라 핀잔을 주지 않을 것이다. 하지만 불혹의 부모가 고등학생 자녀에게 밤늦게 다니지 말라고 한다면 다른 상황이 연출된다. 간섭받는다 여기며 자신의 배움이나 상황판단과 대처능력 등에 대하여 더 이상의 돌봄이 필요하지 않다고 주장한다. 부모의 관점에 대한 앎이 없으면 연대기적 나이, 사회적 책임수행 등으로 성인됨을 주장할 수 있지만 자녀됨에 있어서는 미성년 상태일 가능성이 크다.

부모의 관점에 대한 앎은 자녀의 자녀됨에 있어 미성년과 성인 상태를 구별한다. 자녀란 부모와의 관계를 중심으로 하는 것이기에 개인적 성인됨에 어떤 영향도 받지 않는다. 자녀됨이란 그 위치에서의 상태이다. 연대기적 나이에 익숙하다면 자녀의 미성년 상태는 사회적 관점으로 규정되지만 위치에 따른 책임수행과 연결한다면 자녀의 미성년 상태는 반드시 부모와의 관계에서 규정되는 것이다.

가정의 행복에 있어 부모됨은 자녀와 연결되듯 자녀됨은 부모와 연결된다. 이러한 관계적 행복에 있어 자녀됨의 위치는 언제나 부모를 기초로 세워진다. 부모가 기초가 된다는 의미는 혈연관계의 시작이라는 것을 넘어 관점에 있어서도 적용된다. 그렇기에 부모의 관점은 자녀의 관점의 기초가 되며 자녀는 부모와의 관계에서 이 기초 위에 자신의 관점을 적용해야 하는 것이다. 당신의 나이가 몇 살이든 상관없이 자녀됨에 있어 당신은 미성년인가 성인인가? 부모의 관점에 기초한다면 자녀된 당신은 성인의 상태라 할 수 있지만 만약 당신의 관점이 고집스레 주장된다면 자녀됨에 있어서만은 미성년 상태라 할 수 있다. 앞서 말한 고등학생의 자기주장은 매우 설득력이 있다. 교육을 받았고 사회에서 어떻게 행동해야 하는지 부모보다 더 잘 알고 있다 할 수 있다. 그렇기에 부모를 향한 자기주장이 부모의 걱정을 덜 수 있는 것이라는 합리화도 가능해진다. 하지만 그 어디에도 자녀로서의 당신과 연결된 부모는 찾기 어렵게 된다. 이러한 미성년 상태의 자기주장에서 발견되는 것은 자녀로서의 당신이 아닌 개인으로서의 당신이다. 부모보다 더 많이 배웠으며 더 높은 위치에 있을 수 있고 더 인격적으로 성숙했을 수도 있다. 하지만 애써 부모의 흔적을 지운다면 자녀로서는 미성년 상태일 뿐이다. 흥미로운 사실은 자녀로서 미성년 상태라 할지라도 가정에서 불행한 모습을 발견할 수 없다는 것이다. 자녀로서 미성년인 당신이 가정의 불행을 감지할 수 없도록 부모가 외로움을 견디고 있기 때문이다.

자녀로서 부모의 관점을 이해하지 못하는 것은 자녀 됨에 대하여 알지 못하기 때문이며 연대기적 젖먹이의 행위가 그 형태만을 달리하며 이어지고 있기 때문이다. 물론 대부분은 자녀에서 사회적 성인의 상태가 되고 또한 부모가 될 때 자녀됨의 성인 상태를 갖춰 간다. 하지만 그 이전에 자녀됨의 성인 상태를 배울 수 있다면 가정의 관계적 행복은 보다 빨리 발견될 것이다.

유아기적 자녀됨은 부모의 요구보다 자신의 요구가 우선된다. 마치 젖먹이가 때를 가리지 않고 울며 보채듯 부모를 향한 자신의 요구가 넘쳐난다. 자녀됨의 미성년 상태는 부모의 관점에 대한 앎보다 이용하는 방법에 초점을 맞춘다. 부모의 관점을 이용하는 것은 여러 형태의 지배적 모습으로 나타난다. 그렇기에 자녀됨의 미성년 상태는 부모를 향해 지배와 착취행위를 서슴지 않으며 자신의 요구를 강요하지만 어떤 거리낌도 없는 자기중심적 행위가 된다. 연대기적, 사회적 책임 수행으로 성인 상태라 할지라도 자녀됨에 있어 미성년 상태가 나타나는 이유는 부모의 관점을 적절히 이용하기 때문이다. 자녀됨의 성인 상태는 부모의 관점을 알고 그 관점을 기초로 부모와의 관계를 유지하는 것이지만 미성년의 상태는 알게 된 부모의 관점을 이용하며 언제나 자신의 관점을 기초로 관계를 유지한다.

다섯 살 자녀가 혼자 도로를 건너고자 하는 것은 미성년 상태이다. 의도치 않았을지라도 부모의 관점을 이용한 결과이다. 부모는 언제나 자녀의 요구를 들어주었고 그렇게 할 것이기에 혼자 도로를 건너고자 하는 자기중심적 행동에서도 이 요구를 들어 주어야 한다. 이러한 모습은 부모의 관점이 기초된 행동인가, 부모의 관점을 이용한 것인가? 연대기적 미성년이기에 자녀됨에서도 미성년일 수밖에 없다 주장한다면 자녀됨은 연대기적 미성년 상태에서만 부모와 관계를 가지게 된다. 그렇다면 사회적 성인이 된 자녀는 더 이상 부모와의 관계에서 자녀됨이 필요치 않은 것이다. 유독 청소년기에 자녀됨과 개인의 성인됨의 충돌이 잦은 이유이기도

하다.

부모의 보호와 돌봄을 받아야 하는 자녀와 부모와의 관계에서의 자녀됨에 대한 부족한 이해는 행복한 가정의 걸림돌이 된다. 자녀는 개인적 미성년 상태에서 성인의 상태로 성장하듯 자녀됨에 있어서도 미성년과 성인의 상태는 존재한다. 하지만 개인의 성인된 상태가 자녀됨에 대한 성인의 상태를 보증한다고 여긴다면 관계적 행복을 발견하기 어렵게 된다. 자녀는 부모와 분리되어 독립된 상태일 수도 있지만 자녀됨은 반드시 관계적 상태이기 때문이다. 그렇기에 자녀의 개인적 상태로 자녀됨의 상태를 보증할수록 자녀됨에 대한 앎이 없는 미성년의 상태로 머물 뿐이다.

　개인의 성인 상태가 부모됨과 자녀됨에 어떤 영향도 주지 않듯 부모됨과 자녀됨의 성인 상태가 부모·자녀 관계의 성인 상태를 보증하지 않는다. 부모됨의 성인 상태가 자녀와의 관계에서 나타나며 자녀됨 또한 부모와의 관계에서 발견된다. 하지만 부모됨이나 자녀됨은 부모·자녀 관계 앞에서는 또 다른 개인적 영역일 뿐이다. 부모됨은 자녀됨이 없을지라도 성인 상태로 성장할 수 있으며 자녀됨 역시 부모됨과 무관하게 성장할 수 있다. 그렇기에 부모됨이나 자녀됨을 위한 책임수행은 부모·자녀 관계 앞에 독립된 상태로 이해되어야 한다. 부모됨의 성인 상태로 성장한다면 가정은 반드시 행복해지는가? 또한 자녀됨의 성인 상태를 위한 책임수행을 열정적으로 이행한다 하여 행복한 가정이라 주장할 수 있는가? 독립된 상태에서 관계적 행복은 발견되지 않지만 많은 가정이 이러한 상황에 처해 있는 이유는 낙관적 견해로 윤리적 가치관을 지향하기 때문이다. 자녀됨의 성인 상태를 지향하는 것이 미성년의 부모됨을 성인의 상태로 이끌 수 있는가? 자녀가 부모의 요구를 충실히 이행하는 것이 부모를 부모 되게 하는가? 또는 언젠가는 감동과 감격으로 변화될 것이라 기대할 수 있는가? 부모 역시 끊임없이 자녀를 돌보는 것으로 자녀됨의 성인 상태로 이끌 수 있는가? 부모됨이나 자녀됨의 독립된 영역에 국한된 충실한 책임수행은 자칫 상대를 영원한 미성년 상태로 남게 할 충분한 가능성을 내포한다.

개인의 성인 상태가 부모됨과 자녀됨을 보증할 수 없는 것은 개인의 위치와 상태가 새로운 위치와 상태인 부모와 자녀라는 신분으로 바뀌었기 때문이다. 이 새로운 신분은 사회 속 개인처럼 가정 속에서 독립된 영역이 된다. 그렇기에 자녀와의 관계에서 발견된 부모됨이나 부모와의 관계에서 발견된 자녀됨의 성인 상태라 할지라도 새롭게 시작된 부모·자녀 관계는 미성년 상태이며 성장이 필요하다.

　자녀와의 관계, 부모와의 관계에서 당신의 위치는 어디인가? 내 자녀, 내 부모 등 자신을 기초로 관계를 형성하는 자가 있을 것이며 부모의 자녀, 자녀의 부모 등 상대를 중심으로 자신을 이해하는 자도 있을 것이다. 개인의 성인 상태가 관계의 성인 상태를 보증할 수 있다고 주장하는 자들은 이타적 자기이해를 가진다. 그렇기에 자신을 중심으로 가정을 이해하는 자보다 상대를 기준으로 자신을 이해하는 자가 보다 성인 상태라 주장한다. 하지만 이러한 모습조차 개인적인 것으로 관계적 성인 상태와는 무관한 것이다.

부모·자식 관계의 미성년과 성인의 상태를 알기 위해서는 부모와 자녀를 모두 관계 앞에 위치시켜야 한다. 그렇다면 당신의 위치는 조금 달라진다. 내 자녀, 자녀의 부모라는 이해가 아닌 부모·자녀 관계에서의 부모나 자녀가 된다. 부모·자녀 관계 앞에 당신은 자녀나 부모로 위치함으로 책임수행의 대상은 개별적 부모나 자녀가 아닌 관계가 된다. 자녀를 향한 부모의 사랑은 부모됨의 성인 상태라 할 수 있지만 부모·자녀 관계의 성인 상태는 될 수 없다. 자녀 역시 부모를 공경함으로 자녀됨의 성인 상태라 할 수 있지만 관계적 성인 상태는 아닌 것이다. 하지만 부모·자녀 관계에 기초한 부모의 사랑은 자녀를 위한 무조건적 희생이 아닌 관계를 유지하며 성장시키는 방향이 되며 자녀의 부모 공경은 부모의 요구를 이행하는 것보다 뛰어난 올바른 요구에 대한 앎을 지향하게 한다.

부자 관계의 미성년 상태는 독립된 위치인 부모와 자녀의 상태로 관계적 상태를 대변한다. 부모로서 흠잡을 데 없이 부모됨을 이행하고 있지만 반항하는 자녀로 속앓이를 하며 문제의 근원을 알지 못하는 경우가 심심찮게 있다. 이러한 상황에 대해 가족 간의 대화부족이라는 진단으로 소통과 교제를 처방한다. 하지만 학자들의 처방을 이행해 본 자들은 현실과 동떨어졌으며, 해결책이 되지 않음을 알아차린다. 대화는 분명 필요하지만 그 방향성이 먼저 정립되어야 하며, 교제는 중요하지만 올바름에 대한 서로의 동의가 선행되어야 한다. 이러한 사실이 준비되어 있지 않다면 반항이라는 무조건적 반사 행동에 서로 상처만 쌓여 간다. 부모·자녀 관계 앞에 같은 위치로 자리 잡은 부모와 자녀는 공통분모를 찾고 그 올바름을 이해하며 방향을 모색해야 한다. 또한 관계 앞에 위치하기에 부모됨이나 자녀됨

의 상태를 무시할 수 있어야 한다. 무시된 개인적 상태
는―그것이 부모됨이나 자녀됨의 상태일지라도―관계적 성인 상
태라 할 수 없지만 적어도 관계의 미성년 상태임을 알
게 하며 성인의 상태를 향한 올바른 방향의 시작은 될
수 있다.

부모됨과 자녀됨에 전혀 문제가 없는 가정일지라도
부모·자녀 관계의 어색함이 있는 경우가 있다. 아비와
아들 단 둘만 있을 때 무슨 대화를 하는가? 개인적 문
제가 없기에 대화가 필요 없는 것인가? 당신은 당신의
부모나 자식과 함께 있는 것이 행복한가? 혹시 행복을
위해 이 관계를 연결시켜 줄 다른 매체가 필요한 것은
아닌가? 단 둘이 앉아 있는 것이 힘든 사람이 많다. 텔
레비전이나 적어도 커피라도 한 잔 있어야 둘이 함께
함을 견딜 수 있는 힘이 된다. 또는 철저히 상대를 무시
하며 고립된 개인을 유지함으로 이 시간을 견딘다. 문
제 없는 개인적 상태가 관계적 행복을 가져오는가? 부

모·자녀 관계가 분리된 상태일지라도 문제 없어 보이는 것은 각자 다른 방법으로 자신의 문제를 해결하기에 관계적 행복은 될 수 없다.

부모·자녀 관계의 미성년 상태는 관계적 행복을 발견할 수 없다. 또는 행복은 만들어 가는 것이라 정의할 때 관계적 행복을 위해 해야 할 것들에 대해 무지한 것이며 책임을 위임받음에 동의하지 않는 것이다. 그렇기에 부모·자녀 관계의 성인 상태는 관계적 행복을 위한 책임수행이 있어야 한다. 부모는 자녀를 위한 책임수행으로 부모됨의 성인 상태가 되듯 또한 부모는 부모·자녀 관계를 위한 책임수행으로 관계적 성인 상태가 된다. 자녀 역시 이와 같다. 그렇기에 부모나 자녀는 부모·자녀 관계를 위한 위임된 책임에 동의함으로 성인 상태라 할 수 있다. 위임된 책임은 관계적 행복 즉 가정의 행복이라는 정확한 위치와 상태를 가진다.

가정의 행복은 가족 구성원의 개인적 행복보다 앞

서야 한다. 개인적 행복이 가정의 행복을 견인할 수 없지만 가정의 관계적 행복은 개인의 불행을 충분히 감싸 안을 수 있기 때문이다. 가정의 행복은 관계적 행복이기에 위임된 책임수행은 관계에 영향을 주며 개인의 행복에도 방향을 제시한다. 개인적 영역인 부모됨이나 자녀됨이 부모·자녀 관계를 위한 책임수행을 하기 위해서는 위임된 책임에 대한 분명한 이해를 가져야 한다. 관계를 위한 위임된 책임은 관계를 이어 주는 기준에 대한 것이다. 부모·자녀 관계 앞에 위치한 부모됨과 자녀됨이라는 이해를 가졌다면 이제 부모·자녀 관계를 유지하는 기준에 대한 동의는 위임된 책임을 대하는 같은 자세를 이끌게 된다. 부모·자녀 관계를 지키며 유지하며 발전시키기 위해 부모됨과 자녀됨은 공통분모를 가지게 되는 것이다.

　　부모·자녀 관계를 미성년 상태로 머물게 하는 것이
부모됨이나 자녀됨의 개인적 상태로 관계적 상태를 대
신하는 것이라면 관계적 성인 상태는 이에 대한 거부
에서 시작된다. 이 거부 행위는 개인적인 것이 관계적
인 것을 대표하는 상태를 거부하며, 개인적 상태가 부
모됨이나 자녀됨의 상태를 보증하는 것을 거부한다. 그
렇기에 부모·자녀 관계의 성인 상태를 위한 거부행위
는 부모됨이나 자녀됨의 성인 상태를 포기할 필요가
없으며 개인의 성인 상태를 위한 노력에 게으름을 덧

입히지 못한다. 하지만 개인의 상태에서 부모됨과 자녀됨으로 발전하며 부모·자녀 관계의 기초가 되는 것을 거부하는 것으로 관계를 기초하여 부모·자녀 관계가 세워지며 부모됨과 자녀됨이 나타나며 개인의 상태가 확인되는 것이다.

부모·자녀 관계의 성인 상태는 결국 관계를 위임받았음에 동의하는 것이다. 이 관계는 하늘로부터 부여된 것으로 위임된 관계를 위한 책임수행은 하늘의 완전한 관계를 이 땅에서 분명히 이루어 가는 것이다. 하늘의 약속으로 이룬 부모·자녀 관계에 당신의 의견이나 의지가 반영되었는가? 혈연이나 서류작성의 의지 정도가 그 모든 상황을 이끌어간 하늘의 의지에 비해 얼마나 대단한 것인가? 부모·자녀 관계에서 당신의 의지가 무가치한 것이라 동의한다면 관계적 미성년의 상태는 벗어난 것이다. 또한 완전한 하늘의 의지를 위임받았다면 부모·자녀 관계는 성인 상태라 할 수 있게 된다. 심지어 하늘의 의지를 이어감으로 책임수행을 적극적으로 이행한다면 분명한 성인 상태라 주장할 수 있다.

하늘은 당신의 가정이 불행해지도록 이끌지 않았다. 그렇기에 부모·자녀 관계를 위한 책임수행은 가정을 부분적 행복에서 완전한 행복으로 이끌어 간다. 하지만 부분적인 것의 조합이 완전을 이룰 수 있다 여긴다면 결코 완전한 행복을 알 수 없고, 조합되지 못한 부분적 행복에 불행이 혼합된다. 완전한 행복을 추구함으로 부분적 행복을 뒤로 미루는 의지적 노력은 완전한 행복을 위한 책임수행의 모습이다.

부모됨이나 자녀됨 또한 개인적 성인 상태를 포기할 이유는 없다. 단지 관계적 성인 상태보다 우선하지 않을 뿐이다. 하늘은 관계를 만들고 그 관계의 중심에 당신을 세움으로 부모·자녀 관계를 만들고 또한 부모됨과 자녀됨으로 이끌며 가정의 관계를 만들었다. 그렇기에 위임된 관계는 책임수행으로 관계를 이어가는 것으로 관계적 성인 상태가 된다.

부모·자녀 관계에서 부모는 자녀에게 무엇을 물려 줄 수 있을까? 개인의 성인 상태를 가르치며 이끌 수 있을 것이다. 부모됨을 보이며 양육할 수 있을 것이다. 금은보화를 남겨 줄 수도 있을 것이다. 하지만 부모·자녀 관계에 위임된 것은 혈연이나 서류작성을 포함한 그 모든 상황을 주관하는 하늘에 의해 만들어진 관계이기에 관계의 중심은 하늘의 의지이다. 그렇기에 부모·자녀 관계의 성인 상태는 부모·자녀 관계 앞에 부모와 자녀로서 서로에게 하늘의 의지를 전함으로 이어가야 할 책임수행을 이행하는 것이다.

물이 낮은 곳으로 흐르듯 하늘의 의지 역시 일정한 방향으로 이어진다. 미성년 상태는 일관된 방향에 대한 반항이나 투정이 나타나지만 성인의 상태는 방향을 규정하는 원인을 알기에 이를 인정할 수밖에 없도록 한다. 하늘의 의지가 이어지는 방향을 인정하지 못한다면 부모·자녀 관계는 미성년 상태일 수밖에 없다. 부모됨이 자녀됨보다 선행되기에 부모에서 자녀로 하늘의 의지가 이어진다고 주장하는 것은 미성년의 투정일 뿐이다. 또는 개인적 성인 상태에서 미성년의 상태로 하늘의 의지가 이어진다고 주장하는 것은 방향을 규정하는 원인에 대해 알지 못하기 때문이다. 하늘의 의지는 먼저 알게 된 자에서 시작되어 아직 알지 못하는 자에게 전해지는 것으로 방향을 규정하는 것은 깨달음이 된다. 그렇기에 부모·자녀 관계 앞에 선 같은 위치의 부모와 자식은 하늘의 의지에 대한 깨달음을 근원으로 서로에게 전하고 이어지는 새로운 관계를 형성한다.

깨달음이란 순간적인 것이며 수많은 영역의 직관에 관한 것이기에 고정된 것이 될 수 없다. 그렇기에 한번 깨달은 사실이 이후에도 적용되어 하늘의 의지를 전함에 있어 항상 같은 출발점을 가진다면 미성년의 고집이 될 뿐이다. 하늘의 의지가 전해짐에 있어 또는 새로운 관계의 시작으로 부모·자녀 관계를 정리함에 있어 성인 상태를 지지하는 모든 이전의 기준들은 어떤 효력도 없어진다. 그렇기에 관계적 성인 상태란 모든 성인 상태의 보다 근원적인 것이며 기초적인 것이라 할 수 있다.

부모·자녀 관계의 상태는 선후의 전함에 있어 옳음과 방향성이라는 공통분모를 대하는 자세에 있다. 그렇기에 부모·자녀 관계의 성인 상태는 하늘이라는 더 근원적인 것, 즉 서로에게 전해지는 변하지 않는 진리를 전하는 방법과 수용하는 자세로 규정된다. 가정의 행복은 하늘이 약속한 구체적 모습을 확인할 때 시작된다. 하늘의 약속은 관계를 만드셨고 그 관계 위에 부모됨과 자녀됨이 있으며 또한 개인의 성인됨이 세워지는 것이다. 이러한 상태 위에 다시금 사회가 세워지며 사회는 최초의 하늘의 약속을 향한 올바름과 방향성으로 순환적 모습이 되어야 한다.

가정은 혈연관계인 부모·자녀 관계와 계약관계인 결혼관계가 연합된 것이다. 이 두 관계의 조화로움은 가정의 상태를 규정하는 근거가 된다. 하지만 결혼관계는 언제나 부모·자녀 관계보다 우선하며 가정의 기초를 이룬다. 결혼관계는 부부관계를 의미하며 남편과 아내로 이뤄진다. 이러한 가장 기초적 가정은 전혀 다른 남과 여의 만남으로 시작된다. 하지만 남과 여의 만남이 공통분모에서 다른 견해를 가진다면 부조화의 원인이 된다.

남과 여의 만남에 대하여 공통분모를 남자(男子)와 여자(女子)에서 찾을 경우 '자'(子)는 곧 사람(者)과 연결된다. 이러한 이해는 남과 여의 사람됨이라는 공통분모를 가지게 된다. 하지만 사람됨이란 사람과의 관계 속에 나타나는 것으로 현상적이라는 한계를 벗지 못한다. 부부관계에서 남편과 아내의 자기주장 속에서 이러한 모습은 발견된다. 남편의 자기주장 속에 사람이라는 일반적 개념을 첨부하면 '다른 남자들처럼'이라는 의미를 포함하게 된다. 아내 역시 이와 같기에 남편과 아내의 관계는 언제나 다른 부부, 다른 사람들을 기준으로 비교, 평가된다.

부부 싸움을 할 경우 다른 가정의 남편과 아내의 모습으로 변명하며 자신의 정당성을 내세우기도 하는 경우가 있을 것이다. 이러한 모습은 책임회피라는 미성년 상태일 수 있지만 사회적 책임수행을 하는 성인의 상태에서도 발견된다. 다른 가정 남편의 외도가 어떻게 한 가정의 남편에게 면책사유가 될 수 있는가? 또는 다른 가정의 아내처럼 참고 견디는 것이 어떻게 한 가정의 아내의 도리라 할 수 있는가? 타인과 비교하는 중심에는 사람(者)이라는 일반적 이해가 숨어 있기 때문이다. 부부관계에서 남편과 아내의 성인됨은 남편의 역할과 아내의 역할이라는 독특한 가정의, 독특한 영역에서 이해되어야 한다.

기초가정을 다른 가정과 비교할 수 없는 영역으로 여긴다 할지라도 모든 기초가정이 같은 행복을 추구하는 다양한 모습이 나타날 수 있다. 이러한 이해는 남과 여의 공통분모를 사람(者)이 아닌 남성과 여성이라는 공통된 '성'(性)에 둘 때이다. 성(性)이란 하늘로부터 부여된 사람됨의 중심으로, 독특하며 더 본질적인 것이다. 그렇기에 사람됨의 사회적 관계보다 하늘로부터 부여된 성(性)이라는 하늘의 약속에 대한 선 이해는 부부관계의 보다 근원적이며 새로운 출발이 된다. 성(性)에 기초한 결혼관계에 당신의 의지와 선택이 얼마나 영향을 줄 수 있는가? 남자와 여자의 사람됨과 남성과 여성의 성(性)에 대한 분명한 이해는 결혼관계에서 당신의 의지와 선택 이전에 이미 하늘의 약속에 대하여 고민하게 될 것이다. 결혼관계의 행복을 위해 열정적으로 노력하여도 별 성과를 얻지 못하는 경우는 더 근원적 문제가 있기 때문이다. 기초가정인 결혼관계는 남편과 아내이지만 더 근원적인 것은 남자와 여자이며, 더 본질적인 것은 남성과 여성이다. 이는 하늘이 부여한 특별한 약속인 성(性), 곧 생명을 가진다. 그렇기에 남편됨의 성인 상태를 남자됨을 근거로 하는 것이나, 아내됨의 성인 상태를 여자됨이라는 사회적 사람됨으로 여긴다면 서로에 대한 관용과 이해 없이 힘겨루기를 하는 미성년 상태의 결혼관계가 나타나게 된다. 기초가정의 미성년 상태는 결혼관계뿐 아니라 부모·자녀 관계까지 행복을 발견할 수 없도록 발전할 수 있기에 가정의 성인 상태의 성장은 반드시 기초가정에서 출발해야만 한다.

남자와 여자의 공통분모를 사람(者)으로 두는 것보다 더 근원적인 것은 무엇인가? 이는 결국 사람됨의 근원에 대한 것이다. 그렇기에 기초가정은 남자와 여자가 아닌 공통분모의 표현으로 남성과 여성의 만남이어야 한다. 사람됨(者)이란 하늘의 독특한 권한으로 부여한 성(性)이라는 생명의 올바른 활동이다. 성(性)의 올바른 활동은 하늘의 권한에 대항할 수 없으며 하늘의 의지를 수행하는 것이다. 그렇기에 결혼관계는 부부의 같은 성(性), 즉 같은 생명이 남편과 아내라는 다른 영역에서 나타나지만 결국 생명에 대한 같은 하늘의 의지를 위임받음으로 성인 상태가 된다. 하늘의 의지는 기초가정을 세우고 유지하며 성장하도록 이끈다. 하늘의 의지는 남편과 아내의 고유한 영역에 의해 다양한 모습이 나타나듯 각기 다른 기초가정들의 다양한 모습으로 나타난다. 그렇기에 모든 기초가정들은 각각의 독립된 상태에서 같은 하늘의 의지를 위임받기에 서로의 가정들을 대하는 자세는 하늘의 의지가 충돌하지 않아야 한다. 부부관계를 하늘로부터 위임된 약속인 성(性)이라는 생명을 기초할 때 기초가정을 지키는 것은 사회적 충돌로 나타날 수 없으며 남편과 아내의 고유한 영역에 대한 열정은 가정의 불화를 불러오지 않게 된다.

결혼관계란 성(性)이라는 하늘이 부여한 같은 생명에 대한 보호와 돌봄의 약속이다. 하늘이 부여한 이 약속에 당신만의 생명을 보호하고 돌보고자 하는 것은 미성년 상태이다. 끊임없이 상대에게 요구하는 것, 자기중심적 판단과 행동 등은 생명에 대한 약속 앞에 스스로 미성년 상태임을 드러내는 것이다. 미성년과 성인의 결혼관계는 이미 남편과 아내의 부조화 상태이기에 결코 행복을 찾을 수 없는 기초가정의 미성년 상태로 머물게 된다. 하지만 이러한 상황에서 미성년 상태에 있는 자는 가정의 불화를 느낄 수 없을지도 모른다. 왜냐하면 성인 상태인 배우자가 일방적으로 그 고통을 감수하고 있기 때문이다.

아내나 남편의 얼굴을 자세히 보아야 한다. 거울에 비친 내 얼굴에 웃음이 가득할 때 배우자는 근심이 가득할 수 있기 때문이다. 나는 연대기적 성인이고, 사회적으로도 성인 상태라 주장할 수 있을지 모르지만 배우자의 얼굴에는 결혼관계에서 내 상태가 드러난다. 배우자의 얼굴이 행복하다면 결혼관계에서도 성인 상태라 주장할 수 있을 것이다. 하지만 그 이전에 배우자의 행복의 근거에서 하늘의 약속을 찾을 수 있어야 한다.

성(性)이라는 생명에 대한 하늘의 약속을 위임받았다는 사실에 모두 동의함으로 기초가정은 성인의 상태라 할 수 있다. 남편과 아내 모두 성인의 상태라면 기초 가정은 행복하지 않을 이유가 없다. 하지만 기초가정에서 한 사람만 성인 상태라면 행복하다 여기는 건 미성년 상태의 배우자뿐이다. 둘 다 미성년 상태라면 행복해 보일 수는 있지만 행복에 대해 전혀 알지 못하는 무지함이 나타날 뿐이다. 그렇기에 생명을 부여받은 하늘의 약속에 대한 책임수행은 배우자를 향하며 또한 서로를 향하기에 행복의 근거는 생명의 활동에서 발견할 수 있게 된다.

당신에게 성(性), 곧 생명을 주었다는 하늘의 약속에 동의한다면 또한 당신의 배우자에게 같은 가치의 생명을 주었음에 동의함으로 결혼관계는 성인의 상태로 책임수행의 의무를 위임받게 된다. 생명에 대한 책임수행은 배우자의 생명을 보호하고 돌보는 등 다양한 행위로 나타나게 된다. 하지만 그 어디에도 배우자보다 당신의 생명이 더 가치 있다고 여겨지는 것들이 숨어 있을 수는 없게 된다. 성인의 상태는 자신의 생명을 무가치한 것으로 여기는 무조건적 희생이 아닌 배우자의 생명보다 더 가치 있지 않다고 여기는 평등한 생명의 활동으로 나타난다.

생명에 부가적 가치를 주장한다면 하늘로부터 부여된 성(性)에 차별이 생긴다. 남녀평등을 외치는 사회적 성차별의 더 근원적 문제는 차등된 생명가치에 있듯 남편과 아내의 관계 속 성차별은 부부관계를 위한 더 중요한 위치에 남과 여로 부부를 분리하는 것이다. 분리된 남과 여는 부부관계를 위한다는 어떤 명분일지라도 부부관계로부터 돌봄을 받는 남편과 아내의 위치로 자리 잡지 못하게 한다. 부부관계란 남과 여라는 현상이 아닌 더 근원적 관계인 같은 생명을 기초한 남과 여이기에 남편과 아내는 부부관계를 돌보는 위치가 아니라 관계로부터 보호와 돌봄을 받아야 하는 것이다. 부부관계를 위한다는 것과 그로부터 돌봄을 받는 것은 자기기준의 고집 혹은 하늘의 약속에 대한 동의로 시작점이 달라진다. 그렇기에 부부관계의 시작점에 대한 다른 이해는 관계를 중심으로 하기도 하며 또한 개별된 남편과 아내가 중심이 되기도 한다. 관계가 중심이 될 때 남편과 아내가 분리될 이유도 사라지지만 분리된 개인이 중심이 될 때 관계는 결혼 이전의 상태를 유지하는 것이다. 결혼관계를 시작하였지만 다시금 결혼관계를 만들어 가야 하는 것은 부부관계의 연대기적 나이로 성인됨을 지지하지 못하게 한다. 이러한 관계는 끊임없이 시작하는 미성년 상태일 뿐이며 관계를 위한 희생이라는 남편이나 아내의 투정으로 행복과 멀어진다.

남편됨의 나이。

결혼관계에서 남편의 위치와 상태는 언제나 아내와의 관계에서 발견된다. 남편의 성인됨은 아내를 위임받은 것에 대한 동의로 시작된다. 아내에 대한 돌봄과 보호라는 책임수행의 적극적 자세는 남편의 성인됨에 의문을 제기하지 못하게 한다. 남편이 종종 남자됨으로 아내를 대하는 경우가 나타난다. 물론 남자로서 생식기적, 연대기적 성인일 수 있다. 하지만 남자의 성인됨에 따르는 책임과 남편의 책임이 반드시 같은 것은 아니다. 남자의 성인됨은 사람(者)으로서 사회적·윤리적인

보다 큰 틀에서 찾을 수 있지만 남편의 성인됨은 성(性)이라는 하늘로부터 부여된 가장 기초적 가정 속에서만 나타나기에 책임수행 역시 가정을 벗어나지 못한다. 그렇기에 남편에게 위임된 아내란 곧 가정이 되며 아내를 위한 책임수행은 가정의 행복과 연결된다.

　사회의 관계적 구별에 의한 남자가 남편됨의 근거가 되는 경우 연대기적, 생식기적, 또는 사회 책임수행적 성인됨은 기초 가정에서 오히려 지배의 근거가 된다. 남자로서 남편은 아내를 여자로 보며 가정을 사회적 관계로 해체시킨다. 다른 여자와 아내의 여자됨을 혼용함으로 사회적 남자가 여자를 대하는 자세로 가정에서 남편은 아내를 여자로 대한다. 하지만 남편됨의 근거를 남성에 둘 때 아내는 여성이 되며 성(性)이라는 같은 생명으로 가정에서 동등한 위치를 차지하게 된다. 사람을 인간(人間)이라는 사회적 관계로 여기는 것과 성(性)이라는 하늘로부터 부여된 독특한 성품으로 여기는 것은 가정을 사회에 귀속시키는 것과 사회의 기초가 되는 가정으로 나타난다.

남편됨의 상태는 아내와의 관계를 인간(人間) 중심으로 할 때 가정을 사회화하기에 작은 사회가 된다. 그렇기에 이러한 남편됨의 성인 상태는 사회적 남자됨의 상태와 연결될 뿐이다. 하지만 남편됨의 상태를 아내의 성(性), 생명에 대해 위임받음에 동의할 때 사회적 가정일지라도 기초가정에서 남편됨의 성인 상태는 나타나게 된다. 가정에서 남편됨의 성인 상태는 아내의 존재와 연결되며 또한 아내의 생명과 자신의 생명을 차별하지 않는 것으로 자기기준으로 선택한 아내에 대하여 하늘로부터 부여된 약속을 이행함으로 나타난다.

자본주의 사회에서 일반적으로 직업을 가진 남자의 모습은 사회구성원으로서의 모습과 가정구성원으로서의 모습을 가진다. 사회 구성원 됨과 가정 구성원 됨을 구별할 수 없다면 부조화가 나타남은 당연하다. 사회적 위치에서 가정 구성원의 상태로 살아가는 것이 용납되지 않기에 언제나 문제는 가정에서 사회 구성원 상태를 유지할 때 나타난다. 그렇기에 사회와 가정이라는 두 위치의 부조화의 상태에서 행복을 위한 조화로운 상태를 주장하기 위해 힘을 가진 남자는 가정을 사회화하는 것이다. 이러한 남자를 남편으로 여기는 이유는 겨우 서류작성이라는 사회적 약속에 대한 동의 때문이다. 남자 역시 자신의 남편됨의 근거를 종이에 적힌 몇 글자로 대신한다. 사회화된 가정에서 남편됨의 역할은 사회적 약속의 문서를 지키는 것이 될 뿐이다. 아내는 혼인신고증명서에 소속되며 이 부부관계는 증명서를 근거로 유지된다. 사회적 남자가 사회적 가정을 만든다면 본인은 행복할 수 있지만 아내와 부부관계인 가정은 증명서라는 언제 어떻게 변할지 모르는 불안한 상태로 남게 된다. 이러한 남자는 행복을 위해 증명서를 지키려 노력할 것이며 그 결과는 증명서와 함께 살아가는 외로운 상태를 불러온다. 순간의 행복을 위해 가정을 사회화하는 남자의 남편됨은 결국 아내를 여자로만 여기며 또한 증명서로 보증함으로 남자와 여자 관계, 나아가 어떤 남자와 어떤 여자로 발전하게 된다. 남편이라는 자리에 다른 남자가 있을 수 있으며 아내의 자리 역시 다른 여자가 그 자리를 차지할 수 있는 것이다. 증명서만 있다면 누구라도 당신의 자리에 위치할수 있으며 당신이 원하던 가정의 행복을 소유할 수 있는 것이다.

당신이 아내를 위해 남자로서 당신의 위치와 상태를 주장할수록 당신의 남편됨은 사라진다. 아내의 행복을 위해 당신의 사회적 위치와 상태를 가정으로 가져올수록 남편됨의 행복을 발견할 수 없게 된다. 당신과 아내의 행복한 관계를 위해 사회적 가정을 이룰수록 사회적 행복을 이룸과 함께 가정의 불행은 시작된다. 당신은 남자로서 당신의 수고와 헌신을 감당하는가? 당신은 남편으로서 새로운 위치와 상태로 당신의 여자를 아내로 맞이할 수 있는가? 잘못된 남편됨은 남자로서 당신의 여자를 맞이하지만 올바른 남편됨은 단순하게 남편으로 아내를 맞이하는 것이다. 당신의 아내 앞에 당신이 남자로서 감당한 사회적 위치와 상태를 나열할 이유는 전혀 없다.

아내를 위해 당신이 남자로서 해야 했던 모든 것이 가정 속에서 지배력을 상실할 때 당신은 남편으로서 아내 앞에 서게 된다. 남편됨이란 사회적 남자됨이 사라지는 것이며 아내 앞에 위치한 당신의 새로운 위치와 상태이다. 당신은 가정에서 남편이라는 위치에 따른 의무를 위임받는다. 남편의 위치는 아내 앞이며 그 의무는 아내 앞을 벗어나지 않는 것이다. 그렇기에 아내를 여자로 대하지 않는 것, 당신이 사회적 남자의 상태를 주장하지 않는 것이 남편됨의 시작이며 성인 상태의 출발이 된다.

아
내
됨
의

나
이
。

아내가 여자됨을 주장하거나 남편을 향해 사회적 남
자됨을 요구할 때 가정은 다시금 작은 사회가 된다. 사
회적 행복을 요구하는 아내는 가정의 행복을 위한다는
명분을 가진다. 당신이 여자로서 행복하다면 아내로서
도 행복할 수 있는가? 사회적 행복이 가정의 행복의 기
초라 여길수록 가정의 사회화가 나타나듯 여자의 행복
이 아내의 행복의 시작점이라 여길수록 가정에서 아내
됨은 찾을 수 없게 된다.

   일반적 사회에서 여자는 남자의 보호와 돌봄을 요구

할 수 있다. 특히 정글화된 사회에서 힘의 강함이 있는 남자는 상대적 약자인 여자를 보호해야 할 의무를 가진다. 하지만 일반 사회라 할지라도 여자가 남자를 보호해야 할 의무를 가지는 경우가 있다. 어미의 위치가 될 때 무한의 보호본능은 사회적 남자에게도 적용된다. 이러한 모성애가 가정에서 남편을 향해 나타난다면 남편은 남자로 심지어 어린아이로 여겨진다. 여자로서 가장 강력한 힘을 가지는 어미라는 위치는 부부관계를 모자관계로 바꾼다. 사회적 남자가 가정을 사회화하듯 남편 앞에 위치한 어미 상태의 아내는 기초가정인 결혼관계를 일반 가정인 모자관계로 변형시킨다. 그렇기에 부부관계의 기초 가정의 행복을 발견할 수 없는 것은 당연하다.

정글 사회화된 가정에서 남자가 힘의 중심에 위치하듯 결혼관계가 모자관계화될 때 힘의 중심은 어미의 상태가 된 여자가 위치한다. 여자가 남편 앞에서 어미의 역할을 수행할 때 불가능한 모자관계를 만들 듯 불가능한 행복을 꿈꾸게 된다. 어미의 위치와 역할을 수행하는 여자는 보호와 돌봄이라는 현상으로 성인 상태를 주장할 수 있을 것이다. 하지만 잘못된 대상으로 자신의 위치와 상태를 규정하였기에 이미 시작부터 자신에 대하여 잘못 이해하고 있는 것이며 잘못된 시작으로 올바른 결과를 이끌기 위한 어리석은 노력만이 남게 된다. 여자가 어미로서 남편을 대할 경우 어리석은 노력만큼의 불행이 나타날 뿐이다. 여자는 남편 앞을 벗어나지 않았다. 또한 남편 앞에서 아내의 역할을 충실히 이행하였다. 하지만 아내의 상태를 여자와 어미로 이해한 순간 아내됨은 사라지며 어미됨만이 남게 된다. 남편 앞에서의 아내의 어미됨이 나타날 때 남편은 자식됨으로 취급당하며 아내는 자신의 위치와 상태를 포함하여 남편의 위치와 상태까지 변형시킨다. 결국 기초가정인 결혼관계는 사라지며 원하는 가정의 행복은 불가능해진다.

　여성이란 하늘로부터 부여된 생명이라는 기초에 여(女)라는 현상으로 나타난다. 여(女)라는 현상은 여자(女子)로 사회 구성원이 될 수 있으며, 어미(母)로 가정의 구성원이 될 수도 있다. 또한 기초가정의 구성원인 아내(婦)가 될 수도 있다. 그렇기에 세워진 구조물인 현상에 대한 이해는 언제나 기초에 대한 이해부터 시작되어야 한다. 성(性)이라는 기초에 대하여 하늘로부터 부여된 생명이란 이해를 가졌다면 건물을 올리듯 구체적으로 현상의 우선순위에 대한 이해를 더해 가야 한다. 사회와 가정과 기초가정 중 더 근원적인 것에 대한 정리는 당신의 위치와 상태를 이해하는 데 반드시 필요한 것이다. 남편이 남자로 가정을 사회화할 때 기초가 되는 것은 사회였다. 사회라는 기초 위에 가정을 세웠으며 사회적 남자로서의 정체성이 가정에서도 나타나기에 결코 가정의 행복을 발견할 수 없게 된 것이다. 이처럼 여성이 자신의 정체성을 분명히 알지 못할 때 가정은 또 다른 위험을 맞게 된다.

사회라는 집단을 이루기 위해서는 개인의 존재가 우선된다. 그렇다면 개인이 존재하기 위해 필요한 더 근원적인 것은 무엇인가? 가정이라는 집단, 즉 부모·자녀 관계를 이루기 위해 더 근원적인 것은 무엇인가? 그렇기에 성(性)이라는 생명 위에 세워진 기초 중 가장 근원적인 것은 결혼관계인 부부관계가 된다. 부부관계에서 여성은 아내로 세워지는 보다 기초적 자기 이해를 가져야 한다. 그 후 부모·자녀 관계에서 어미로서 자신의 정체성이 필요하며 나아가 사회 구성원으로서 여자됨을 주장해야 한다. 생명을 기초로 아내됨이 있으며 어미됨이 있고 여자됨이 세워진 것이다. 그렇기에 아내됨의 근거인 남편이 우선되며 어미됨에 필요한 자녀가 그다음이며 마지막으로 여자됨에 필요한 남자가 된다.

남편이 아내를 여자로 이해하지 않듯 아내가 남편을

남자로 이해하지 않는 것만으로는 아내됨의 성인 상태를 주장할 수 없다. 왜냐하면 모성애라는 어미 됨의 강력한 활동이 있기 때문이다. 우리의 부족한 표현으로 신적 사랑을 표현한다면 모성애만 한 것이 없을 것이다. 모성애는 종종 결혼관계나 사회적 관계에서도 절제되지 못하고 발휘된다.

어미의 모성애로 남편을 대한다면 보호와 돌봄이라는 책임수행의 행위만으로 아내됨의 성인 상태를 주장할 수는 없다. 정확하고 분명한 대상을 향한 책임수행과 모호한 자기만족의 책임수행은 비슷해 보이지만 위임된 책임에 대하여 잘못된 시작점을 갖기에 다른 결과로 나타난다. 아내됨의 성인 상태는 사회적 여자됨과 가정적 어미됨을 남편 앞에서 주장하지 않음으로 시작된다. 아내의 남편을 향한 모성애는 가정 구성원 모두의 위치와 상태를 모호하게 하며, 아내됨의 미성년 상태로 가정의 행복을 발견하기 어려운 상황으로 몰고 간다.

부부관계의 나이.

남편됨과 아내됨으로 성인 상태라 주장한다면 부부
는 행복해야만 한다. 만약 남편됨으로 아내를 여자로
여기지 않으며 다른 여자와 비교하지 않는다면 남편은
아내와 일치되어 함께 행복해야만 한다. 아내 역시 남
편을 향한 남자됨을 요구하지 않으며 그를 향한 모성
애를 억제할 수 있다면 아내는 남편과 온전히 연합된
관계로 함께 행복해야만 한다. 하지만 그럼에도 행복을
발견하기 어려운 경우들이 나타난다. 서로에게 남편됨
과 아내됨의 성인 상태를 주장할지라도 부부관계가 소

란스러운 것은 이들이 가진 기준이 다르기 때문이다.

　남편됨이나 아내됨은 반드시 부부관계 위에 세워져야 한다. 남편됨과 아내됨이 부부관계에 필요한 것인가? 아니면 부부관계가 남편됨과 아내됨의 기초가 되는가? 보다 더 근원적인 것에 대한 동의는 성인 상태의 시작이 된다. 남편됨과 아내됨이 더 근원적이라 여기는 경우 부부관계는 현상적인 것이 된다. 그렇기에 부부관계의 행복은 남편됨의 행복과 아내됨의 행복의 조합이라 할 수 있다. 하지만 남편의 남편됨에 대한 노력이 아내를 아내됨으로 이끌 수 있는가? 아내 역시 아내됨으로 남편을 남편됨으로 지도할 수 있는가? 이 관계는 부부관계를 위한 일방적 수고만이 남게 된다. 남편됨과 아내됨이 더 근원적인 것이라 동의할수록 기초가정은 개인화되며 개인적 행복 정도만이 남게 된다. 하지만 부부관계가 보다 더 근원적인 것이라 여긴다면 개인적 행복은 관계적 행복 안에서 발견된다.

부부관계의 행복은 남편됨과 아내됨 이전에 시작되어야 한다. 남편과 아내의 개인적 행복이 가정의 행복을 보장할 수 없지만 부부관계의 행복은 남편됨과 아내됨의 개인적 불행을 덮을 수 있기 때문이다. 그렇기에 부부관계가 개인의 남편됨과 아내됨보다 더 근원적이란 사실에 대한 동의는 남편과 아내 모두에게 부부관계가 위임되었다는 사실을 인정하는 것이다. 당신에게 위임된 부부관계는 이제 당신과 당신 배우자를 위한 초석으로 위치할 때 남편과 아내는 위임된 부부관계를 위한 책임수행의 의무를 지니게 된다. 당신은 남편됨이나 아내됨을 주장하기 전 책임수행의 대상이 부부관계가 됨을 기억해야만 한다. 만약 당신의 남편됨이나 아내됨을 위한 책임수행이 부부관계를 위한 책임수행보다 우선한다면 관계적 행복에 대한 기대를 버려야한다.

부부관계의 기초가 되는 기준은 성(性)이라는 하늘로

부터 부여된 생명에 대한 동의여야만 한다. 생명이란 독립된 것이지만 또한 관계적인 것이다. 그렇기에 부부 관계는 독립된 남편됨과 아내됨의 연합이지만 또한 관계를 중심으로 한 부부여야만 한다. 이 관계는 생명이기에 같은 생명에 대한 동의는 같은 행복에 대한 시선을 가지게 한다. 이러한 사실은 관계적 행복을 추구하는 이유이며 개인적 행복을 발견할 수 있기 때문이다. 남과 여라는 전혀 다른 현상에 생명이라는 공통된 본질에 대한 이해는 이제 남편에게는 아내의 생명이 위임된 것이며 아내에게는 남편의 생명이 위임된 사실에 동의를 요구한다. 아내에게 위임된 남편의 생명과 아내 자신의 생명은 어떤 차별도 없으며 남편에게 위임된 아내의 생명과 남편 자신의 생명은 어떤 구별도 찾을 수 없는 상태가 된다. 남편과 아내는 서로 배우자 앞에 위치하지만 각각의 상태는 이미 배우자와 연합되어 일치된다. 부부관계란 한 생명이 남편과 아내라는 현상으로 나타나는 것일 뿐이다. 하늘로부터 부여된 성(性)이라는 생명이 남과 여로 분리되어 활동하듯 부부관계라는 생명이 남편과 아내로 자신의 역할을 수행하는 것이다. 그렇기에 남자가 여자를 지배하듯 남편과 아내의 지배적 관계는 부부관계라는 근원에 대한 부족한 이해에서 시작되며 기초가정을 정글사회화한다.

부부관계라는 기초에 동의할지라도 관계에 이해가 부족하면 사회적 관계로 부부관계를 대신한다. 사회 상태가 부조화라면 그 사회는 미성년 상태이고 결코 모델이 될 수는 없다. 마치 미성년 자녀가 부모를 보호하고 돌보는 것처럼 부조화가 나타난다. 오늘날 사회가 기초가정을 이끌 수 있는 성인 상태라 할 수 있는가? 윤리적·법적 조치라는 사회 힘이 가정의 행복을 견인하고 있는가? 근원에 대한 부족한 이해 또는 오해되며 왜곡된 이해는 관계적 행복 앞에 어떤 영향력도 가지지 못한다. 적어도 기초가정의 행복은 사회적 행복으로 발전할 가능성은 가진다. 물론 아직 실현된 바 없지만 이 가능성은 사회적 노력의 실패를 담보하기에 다른 결과에 대한 기대 정도는 가질 수 있게 된다. 사회적 행복 이전에 가정의 행복이 우선되어야 하며 가정의 행복은 부모·자녀 관계와 부부관계의 행복이 반드시 필요하다. 또한 이 둘은 관계적 행복이 아비나 어미 됨 또는 남편됨과 아내됨보다 우선되어야 한다. 그렇기에 성(性)이라는 생명의 행복이 반드시 선행되어야만 그 영향력은 사회적 행복으로 발전하게 된다. 기초가정인 부부관계의 중요성은 모든 관계의 최초의 현상으로 보다 더 기초적인 것이기 때문이다. 기초가정보다 더 근원적인 성(性)이라는 생명에 대한 위임과 책임행위가 부부관계에서부터 시작되기에 기초가정의 미성년과 성인 상태는 그 위에 세워질 모든 관계의 방향을 결정한다.

부부관계가 위임받은 독립된 생명에 대하여 동의하며 책임수행을 한다는 것은 관계적 생명을 이행하는 것이다. 사회적 계약, 개인적 조건보다 더 우선되는 하늘의 약속에 대한 서로의 동의이며 서로를 향한 약속 이행이다. 부부관계는 같은 하늘의 같은 약속에 대한 같은 동의이며 같은 책임수행으로 성인 상태를 주장할 수 있다. 하지만 이러한 같은 것들에 대하여 남과 여, 남편과 아내, 아비와 어미 등으로 개별화된 상태를 위해 관계적인 것들을 무시한다면 반드시 미성년 상태로 남게 된다. 그렇기에 부부관계의 행복을 위해서는 같은 기준인 하늘에 대한 앎이 반드시 필요하다.

6장

한 몸의 나이

'몇 살입니까?'라는 질문이 삶 속에 깊이 던져지면 많은 고민을 가져온다. 연대기적·생식기적·개인적·관계적 경우의 수가 있기에 그때마다 정체성에 혼란이 생기는 것은 당연한 결과이다. 경우에 따라 성인이며, 경우에 따라 미성년이기에 삶의 혼란도 불가피하다. 하지만 아무리 혼란이 올지라도 흔들리지 않는 중심, 분명한 기초가 세워졌다면 희망을 간직할 수 있다.

생명보다 더 근원적인 시작점이 있는가? 모든 사람은 생명이라는 분명한 중심, 흔들림 없는 기초를 가진다. 이제 문제는 생명의 활동이자 그 방향성이다. 분명한 시작과 결과를 연결하는 고리를 발견한다면 표류는 이내 순항으로 바뀔 것이다. 표류된 삶이란 시작과 결과가 누구에 의해 연결되는지 또는 어떻게 연결되는지 지식이 없는 상태일 뿐이다.

기초가정인 부부관계의 중심인 성(性)이라는 생명에 대하여 하늘로부터 부여된 약속이라는 시작점과 행복이라는 결과의 연결된 고리를 발견할 수 있다면 더 이상의 의미 없는 노력으로 중첩된 고통에서 쉽지만 아름다운 행복을 누리게 될 것이다. 생명은 누구에 의해 행복으로 연결되는가? 어떻게 생명이 행복으로 나타날 수 있는가? 이러한 질문에 종교보다 분명한 지침을 제공하는 곳은 없을 것이다. 종교는 그 해답을 개인 속에서 발견토록 하며 각자의 경전으로 증명한다. 하지만 같은 종교의 같은 경전일지라도 그 해석에 따라 생명의 시작과 행복의 결과에 관한 이해가 달라질 수 있다.

종교의 다양함, 같은 종교에서도 다양한 부류의 집단이 나타나는 이유의 긍정적 견해는 시작과 결과를 연결하는 열정이라 할 수 있으며 한 곳 이상의 올바름이 될 수도 있을 것이다. 하지만 부정적 견해는 모두 잘못되었을 가능성도 포함해야만 한다.

생명은 개인적이자 관계적이기에 이와 연결된 결과인 행복 역시 개인과 관계라는 두 고리를 가진다. 하지만 개인은 관계에 종속되기에 관계라는 고리에 집중이 필요하다. 기초가정인 부부관계의 기준, 가정에서 부모·자녀 관계의 기준, 사회에서 남녀의 기준 등의 기초는 생명이다. 또한 이 생명의 결과는 행복이다. 강화된 관계에 대한 집중은 남편과 아내, 부모와 자식, 남자와 여자의 구별된 현상에서도 같은 행복을 발견하도록 한다.

행복이란 결과가 고정될 수 없는 것은 현상의 다름 때문이다. 즉 남자의 행복과 여자의 행복이 반드시 일치한다는 보장은 없다. 하지만 같은 시작점에서 출발한 결과로서의 행복은 남자나 여자 모두 남성과 여성이라는 성(性)이라는 같은 생명에 대하여 같은 행복을 가진다. 개인 모두의 행복은 유토피아적인 불가능이 아니라 관계적 행복 속에 구체적으로 실현 가능한 것이다. 하늘의 약속과 그 이행으로 본 관계적 행복에 대하여 한 종교 이야기, 기독공동체에서 추구하는 생명과 행복이라는 연결 고리로 설명해 보자. 이미 수많은 종교나 사회적 가르침을 접했던 사람이더라도 당부컨대 용기 있는 시선으로, 기독공동체가 주장하는 것을 외면과 회피 없이 냉정하게 판단하길 바란다. 또한 앞선 수많은 미성년과 성인의 상태에 대하여 시작점과 결과에 대한 스스로의 연결고리를 발견하길 바란다.

2,000년쯤 전에 교회가 세워졌다. 그 이전에는 회당이나 산당 또는 성전이나 성막 등이 있었다. 그보다 이전에는 돌로 쌓은 단도 있었다. 확인할 수 있는 교회의

최소한의 연대기적 나이는 2,000년 정도이다. 많은 기독단체들이 이 사실을 자랑스러워한다. 1,000년을 넘은 문화가 로마나 신라 정도라 한다면 2,000년이란 연대기적 나이는 의미 있을 수 있다. 하지만 불교의 나이는 2,500년 정도다. 출애굽을 기준으로 한다면 교회는 3,500년 정도의 연대기적 나이를 가지지만 수메르 문명은 5,000년 정도로 이보다 오래되었다. 이러한 연대기적 나이 비교에 종지부를 찍으려면 교회의 태동을 태초로 옮겨 가는 것이다. 만약 에덴동산의 첫 인류를 교회의 태동으로 여긴다면 교회의 연대기적 나이는 세상의 모든 것보다 앞설 수 있다. 물론 인류의 시작을 6,000년 전으로 보는 경우도 있지만 에덴 시대를 역사적으로 존재했지만 알 수 없는 시대라 규정한다면 우주의 태동을 무시하지 않으면서도 교회의 먼저됨을 주장할 수 있게 된다.

세상의 모든 것보다 먼저 되었다는 것으로 교회의 성

인 상태를 주장하는 것은 연대기적 나이의 성인됨과 비슷하다. 그렇다면 교회의 상태를 규정하기 전 위임받는 것이 무엇인지 또는 위임된 것에 대한 동의와 그에 따른 책임수행에 대한 적극적 노력을 살펴야 한다. 교회는 세상을 위해 어떤 책임을 수행해야 하는가? 교회는 연대기적 나이에 걸맞은 책임수행을 해왔는가? 교회의 태동을 태초로 이해하지 않더라도 적어도 2,000년 정도의 연대기적 나이라면 어느 정도의 책임수행을 장담하는가? 만약 책임수행의 정도가 성인 상태를 규정할 근거가 되지 못한다면 교회는 사회를 위임받았다고 선언하며 사회를 위한 책임수행적 역할을 해오고 있었다고 주장해서는 안 된다.

혹 어떤 곳은 경전, 즉 말씀을 위임받았다고 주장한다. 그렇다 하여도 위임받은 말씀에 대한 책임수행의 의무는 필요하다. 말씀을 위임받았다는 것에 대하여 해석이라는 책임수행을 한다며 성인 상태를 주장할 수 있지만 이러한 경우 누구를, 무엇을 보호하고 돌보고 있는지 분명해야 한다. 만약 성인 상태라 하는 경전 해석으로 오히려 누군가의 보호와 돌봄을 받게 된다면 또는 요구한다면 그 성인 상태는 미성년 상태를 확증할 뿐이다. 또한 종교 지도자와 교회가 미성년 상태라면 종교인에 의해 사회에 의해 보호와 돌봄의 위치에 있어야만 한다. 말씀에 대한 해석으로 책임수행을 한다 주장할지라도 그 모든 것이 미성년 상태로 나타난다면 그 교회와 종교 지도자를 악이라 규정하기보다 미성년으로서 부족하다는 이해를 가져야만 한다. 그렇기에 교회가 주장하는 성인의 상태를 확인함은 반드시 선행되어야 할 과제이다. 아래와 같은 논리를 따르려면 용기가 필요할 것이다.

행복은 개인의 몫이다. → 행복은 때로 개인에서 관계로 확장된다. → 개인의 행복 이해는 누군가로부터, 무엇인가로부터 배운 것이다. → 그 이해는 앞선 자들이 전한 것이다. → 앞선 자들은 행복을 추구하였다. → 앞선 자들의 행복은 사회성과 종교성에 기인한다. → 종교는 당신에게 행복에 대한 기준을 제공한다. → 행복은 종교관에 의해 규정된다. → 행복은 개인의 종교성의 몫이다. → 종교성은 관계적이다. → 행복은 관계의 몫이다.

종교인이라면 구원이라는 추상적 관념이 더 쉽게 이해될 것이다. 그렇다면 행복이란 단어를 구원으로 바꿔 보길 바란다. 생명이 구원이라는 결과로 나타나기 위해 그 연결고리는 무엇인가? 교회는 경전으로 그 연결고리를 증명하며 선언한다. 그 고리 믿음으로도 규정된다. 하지만 추상적 믿음에 대하여 다른 이해를 가지는 해석이 넘쳐난다. 물론 믿음이 아닌 소속됨이, 혈통이나 교적부 또는 가르침에 대한 이해와 동의가, 비유를 아는 것이나 특정인물을 인정하는 것 등이 구원의 조건이 되는 경우도 있다. 또한 종교행위로서 신비한 경험이나 전통적·제도적 규정을 준수함이 될 때도 있다. 어떤 경우라 할지라도 개인의 몫인 것 같았던 구원이 관계의 몫이 됨은 변함이 없다.

2,000년을 이어오며 유지된 교회가 시대적 책임 앞에 당당할 수 있다면 오늘날 교회는 모든 사회를 이끌 성인 상태라 할 수 있다. 또한 사회와 가정과 기초가정은 성인 상태의 교회의 돌봄과 보호를 받으며 행복으로 나아갈 수 있게 된다. 결국 교회는 시작점과 결과를 잇는 연결 고리 역할로 책임수행의 성인 상태가 된다. 당신이 행복하다고 주장하는 것들 속에 교회의 역할은 얼마나 되는가? 또는 당신이 행복하지 못한 것들에 대하여 교회는 어떤 위치와 상태로 당신을 대하는가?

교회의 시대적 책임수행 위치와 시대흐름으로 축적된 교회의 상태는 밀접한 관계를 가진다. 교회의 위치와 상태는 시대를 보호하고 돌보아야 할 책임수행의 자세라 할 수 있다. 하지만 고착화된 교회의 위치와 상태의 강조는 연대기적 성인 상태를 주장하는 시간의 경과와는 달리 한정된 시대로 변화된 시대를 대하는 부조화의 모습이 나타난다. 고착화된 위치와 상태가 강조될수록 연대기적 성인 상태의 교회는 시대를 대하는 성장 없는 자세로 부조화의 미성년 상태가 된다. 그렇기에 시대적 책임수행은 당시의 시대에만 유효한 것으로 여겨져야 하며, 또한 오늘날 새로운 시대에 맞는 책임수행의 자세로 고착의 강화가 아닌 의미의 전승이 되어야만 한다. 하지만 당신이 간과하지 말아야 할 사실이 있다. 시작과 결과가 아닌 그 연결고리가 다양하다는 것이다. 또한 모든 연결고리는 각자 나름의 근거와 이유를 가지고 있다는 것이다. 그렇기에 교회의 책임수행의 의무는 연결고리의 강조가 아닌 시작과 결과, 생명과 행복에 대한 연결고리의 올바름에 대한 것이어야 한다. 연결고리의 올바름에 대하여 각자의 종교는 각자의 경전으로 규정하는 의무를 위임받게 된다. 종교의 연대기적 나이가 연결고리로서의 상태를 보증할 수 있는가? 연결고리의 올바름을 보증할 수 있는가?

연결고리는 방향성과 방법을 포함한다. 올바른 방향성은 올바른 시작을 기준으로 올바른 방법을 통해 올바른 결과로 나타난다. 그렇기에 시작과 결과에 대하여 생명과 행복이라는 보다 구체적 앎이 필요하며 생명과 구원에 대한 정확한 전제가 선행되어야 한다. 교회는 생명과 구원, 행복에 대한 분명한 앎에 책임수행의 의무로 경전해석을 위임받음으로 성인의 상태가 된다. 성인의 상태인 교회는 올바른 경전해석으로 올바른 방법과 방향을 제시함으로 미성년의 종교인을 보호하고 돌볼 수 있게 된다. 분명한 것은 연대기적 나이와 올바름은 무관하다는 것이다. 연대기적 나이는 축적된 양과 연결될 뿐 질에 대한 어떤 보장도 될 수 없다. 교회의 먼저됨으로 성인의 상태라 주장하기 위해서는 축적된 것의 질이 세상을 돌보고 보호할 만한 것인지를 살펴야 한다. 그렇기에 연결고리라 주장되어지는 것들이 정말 시작과 결과를 연결하는지 아니면 다른 결과로 나타나는지가 확인되어야 한다. 먼저됨이란 시작점뿐 아니라 과정과 결과까지 영향을 미치는 것으로 모든 것이란 세상의 모든 것이라는 현상과 함께 본질적 모든 것이 포함된다. 교회가 먼저됨을 선언하는 것은 결국 시작과 결과의 올바름의 먼저됨이어야 한다.

교인을 양산하는 것으로 성인됨을 주장하는 교회는
생식기적 성인임을 주장하는 것과 다름없다. 당신이 목
회자라면 교회에 교인이 늘어나는 것이 반가운가? 아
비가 태어날 자식을 기다리며 설레는 이유는 무엇인
가? 자식이 많을수록 노후 대책이 되기 때문인가? 혹은
성기능을 자랑하기 위함인가? 비상식적인 이러한 이유
가 용납되는 교회가 많다. 만약 사소한 이유라도 또는
이와 유사한 이유라도 교인이 늘어나는 반가움의 근거
가 된다면 그 교회와 종교인은 미성년 상태이다.

확장됨으로 성인 상태를 주장하는 교회는 양으로 질을 보증하는 것이다. 자식을 낳음으로 성인된 아비라 주장한다면 자식에게 앵벌이를 요구할지라도 아비이기에 성인 상태라 인정되어야만 한다. 더욱이 많은 자식을 낳음으로 생식기적 성인 상태를 보증할 수 있으며 아비의 성인 상태는 인정되어야만 한다. 이러한 모습은 성인 상태인 아비가 자녀를 보호하고 돌보는 방법으로 앵벌이를 요구하는 것이 된다. 만약 교회가 주장하는 확장됨이 교인이 넘쳐나는 것이라면 앵벌이 아비 모습이 나타나는 것은 당연한 결과이다.

거리에는 많은 편의점이 있지만 모두 같은 입지 조건을 가진다. 처음 가는 도시에서도 쉽게 편의점을 찾는 것은 편의점이 많기 때문이기도 하지만, 그동안 보아왔던 편의점 주변 환경에 익숙하기 때문이다. 이 정도쯤 있을 것이라는 추측으로 주변을 둘러보면 쉽게 편의점이 눈에 들어온다. 상권이 형성된 곳, 유동인구가 많은 곳 등 당신의 기억은 편의점을 발견하였다는 착각을 불러온다. 그러나 다른 견해를 가질 수도 있다. 비슷한 입지조건에 대한 의도치 않은 기억이 당신에게 편의점을 발견케 한 것은 아닌가? 편의점은 물건을 팔기 위해 호객행위를 하지 않았다 주장할 수 있다. 하지만 눈치채지 못하도록 편의점의 호객행위가 교묘하다고 할 수도 있다. 홈쇼핑 마감 시간이 임박할 때 이성은 판단 기준이 모호해진다. 홈쇼핑은 어떤 강요나 강압적 행위도 하지 않는다. 주문을 하는 주체는 분명히 나다. 그런데 주문 후 물건을 사용하지 않는 경우를 심심치 않게 경험했을 것이다. 홈쇼핑은 단지 이것이 더 좋다고 선전하였을 뿐이다. 하지만 당신은 필요한 것과 더 좋은 것에 대한 이성적 판단을 상실한다. 왜냐하면 마감 시간이라는 은연중의 압박이 이성을 마비시키기 때문이다.

교회는 교인이 늘어나는 것이 마케팅 결과가 아니라는 확증이 있어야만 한다. 편의점 주인처럼 또는 홈쇼

펑처럼 어떤 강요나 강압이 없었다고 주장하며 자발적 또는 신적 능력에 의해 교인이 늘었다고 주장하는 교회의 근거는 매우 간단하다. 편의점처럼 당사자의 의지와 무관하게 기억시키는 세뇌를 하지 않고 있으며, 홈쇼핑처럼 은연중 압력을 가하지 않고 있다고 선언하면 그만이다.

교인이 늘어나려면 두 경우가 충족되어야 한다. 첫째, 교인이 와야 하며, 둘째, 이탈되는 교인이 없어야 한다. 입교인이 출교인보다 많아야 하며 지속적이어야만 한다. 교인이 교회에 오는 이유는 무엇인가? 길을 가다가 우연히 가는 경우, 문제를 해결하기 위해 가는 경우, 초청이나 권유를 받아들임으로 가는 경우, 강제적으로 가는 경우 등이 있다. 부모가 자식을 어떤 목적의 수단으로 낳는다면 정상적인가? 그런 자녀는 부모를 위한 희생가? 교인이 늘어나는 것이 욕망의 결과라면 또는 교인을 희생적 위치로 여긴다면 그 교회는 분명히 보호와 돌봄을 받아야 하는 미성년의 상태이다.

교회는 문제를 해결할 수 있을 것이란 기대를 심어준다. 심지어 어떤 문제든 교회는 해결한다. 교회에서 해결하지 못하는 문제를 본 적이 있는가? 단지 해결의 때가 되지 않았으며 다른 수많은 조건이 충족되지 않았을 뿐이다. 교회는 모든 문제를 해결할 수 있지만 교인에 의해 또는 신의 섭리에 의해 아직 해결되지 못한 것들만 넘쳐날 뿐이다.

오늘날 교회를 가는 이유는 대부분 취미나 교양활동 정도에 그친다. 문제가 있어 돌봄을 요구하며 찾아가는 경우도 있을 것이다. 어떤 경우든 교회는 이들의 문제를 해결해 준다. 교회는 재미를 주며 문제를 잊을 수 있도록 노력한다. 취미나 교양활동 정도의 종교생활이라 할지라도 교회는 구원을 선언할 수 있으며 해결되지 못한 문제를 가지고 있을지라도 행복을 위한 과정으로 종교성을 가르친다. 만약 대부분의 교회의 가르침이 종교성이라면 교인들은 주입된 가르침을 회피할 기회나 방법을 상실한다. 교회의 가르침이 반드시 필요한 이유는 '당신은 죄인입니다'에서 시작하여 '당신은 죄를 해결할 방법이 없습니다'라는 결론으로 가기 때문이다. 교회는 죄에 대한 선언과 그 해결에 대한 지침을 제공하며 제약회사처럼 교인을 흡수한다. 하지만 죄에 대한 교회의 선언이 사회윤리나 규범 또는 제도나 전통을 사용한다면 교회의 가르침이 종교적인 것에 한정되는 이유를 이해할 것이다. 또한 대부분의 교회가 비슷한 것을 가르치고 있다면 교인의 사고는 지극히 제한적이 되며 부지중 사회적 문제에 종교적 해결을 요구하게 된다.

사회적 문제를 종교에서 해결하면 불편을 대면할 필요가 없기에 널리 이용되며 종교인들에게 받아들여진다. 이러한 종교인은 교회의 지시사항을 준수하며 구원에 대한 확증을 쌓아 간다. 헌금 활동은 적은 금액으로 신적 보호를 이끌 수 있으며 더 큰 신적 사랑을 요구할 수 있게 된다. 자신의 수입도 유지하며 신적 구원도 얻게 된다 여기면서 스스로 어떤 문제도 발견할 수 없는 상태가 된다. 만약 이러한 자가 교회를 떠나게 된다면 신적 구원에서 멀어지는 것뿐 아니라 사회적 문제에 대한 책임이 남는다. 교회는 문제를 일정 부분 교인에게 남겨 둠으로 적절히 관리할 수 있는 것이다. 환자가 제약회사를 버릴 수 없듯 일정 문제가 남은 교인이 교회를 버릴 수는 없게 된다. 이제 교인이 할 수 있는 선택은 그리 많지 않게 된다. 그렇기에 교인은 교회를 위해 헌신하는 위치에서 자신을 스스로 보호한다. 이러한 관계에서 교회는 지배적 위치로 성인의 상태를 주장하며 종교적 옳음으로 성인의 위치를 유지한다. 교인이 늘어남으로 생식기적 성인 상태를 주장하지만 지배적 위치에서 오히려 보호와 돌봄을 요구함으로 부조화가 나타난다.

　오늘날 많이 사용되는 공동체라는 말은 교회를 향한
사회의 부정적 이미지 개선이라는 소극적 대응으로 자
주 사용된다. 많은 사람들이 교회와 공동체를 구별하
지 못하며 사회단체들도 이미지 쇄신으로 공동체라는
단어를 곧잘 사용하지만 공동체라는 말이 가지는 근
원적·본질적·현상적 의미를 이해한다면 그렇게 쉽게
공동체라는 단어를 선택할 수 없을지도 모른다.

　공동체는 약 500년 정도의 연대기적 나이를 가진다.
교회라는 이름을 널리 사용하던 당시의 주류세력에 반

해 스스로를 공동체로 인식하며 분리와 이탈을 통한 연합을 추구하였다. 시대적 현상인 교회에서 종교적 본질, 기독성의 본질을 찾기 위해 경전을 연구하였던 결과이다. 전통과 제도가 중심이 된 교회와는 달리 성경과 그 의미를 실천적 삶으로 표현하였던 공동체는 시대에 외면받았고 일부 사람들만이 환영하였다. 더불어 살아가는 것에 최고의 가치를 부여하였지만 시대적 교회로부터 버림받았으며, 성경을 실천하였지만 종교적 전통에 의해 무시당하였고, 소외된 자들이 성경을 중심으로 모였지만 결코 사회적 힘을 형성하지 않았기에 정죄되었다. 공동체는 사람이 사람처럼 살아가는 것이었으며 올바름과 그 방향성을 성경, 즉 적은 부분일지라도 분명히 깨닫게 된 절대자의 의지에 두었다.

공동체는 성경을 실천함으로─500년 정도의 연대기적 나이를 뛰어넘어─성경의 시작과 연결된다. 교회의 시작을 인류의 시작과 연결한다면 공동체는 성경의 시작과 연결됨이라 할 수 있다. 전통이란 사람이 사람 속에서 사람다운 삶을 발견하는 것이라 한다면 절대자의 의지를 기준으로 한 공동체의 삶은 생명 속에서 발견할 수 있는 생명의 활동이라 할 수 있다. 이러한 공동체는 사람과 사람의 현상적 관계에서 본질적 관계라는 방향을 가진다.

재세례파, 형제단 등의 이름으로 시작된 공동체가 성경의 시작과 연결된다면 그 500년의 연대기적 나이는 정경 작업을 하였던 4세기경부터 시작되어 1,700년 정도로 늘어난다. 성경에 대한 적극적 · 본질적 앎이 말씀이라 규정한다면 궁극적으로는 신 존재와 연결된다. 무엇보다 우선하는 신 존재와 연결된 공동체라 할지라도 결코 신보다 우선할 수 없기에 신 앞에 위치한 공동체는 언제나 미성년 상태이다. 미성년인 공동체는 신을 위한 희생이 필요 없으며, 신 역시 공동체를 착취하지 않음으로 보호와 돌봄은 언제나 신에게서 공동체로 나타난다.

　공동체는 세상보다 먼저됨을 주장하며 지배적 위치를 고수하기 위한 노력이 아니라 신보다 나중 됨을 주장함으로 신의 보호와 돌봄에 대한 올바른 자세를 유지하고자 한다. 신 앞의 공동체는 언제나 세상과 동등한 위치이며 세상의 변혁을 위한 주도적 역할보다 세상과 함께 신 앞에 서 있기 위한 책임수행을 위임받게 된다. 공동체가 세상을 보호하고 돌보는 위치를 거부함은 지배적 행위를 거부하는 적극적 자세일 뿐이며 세상과 함께 신 앞에 서기 위한 책임수행은 올바른 방향성에 대하여 세상보다 먼저됨으로 본을 제시하는 것일 뿐이다. 결국 공동체는 연대기적 나이의 성인 상태를 주장할 수 없지만 올바름과 그 방향성에서 먼저됨으로 상대적 성인됨을 통해 세상을 보호하고 돌보는 결과로 나타난다. 세상과 공동체는 같은 신 앞의 동등한 위치일 수 있지만 올바름과 방향성 앞에서는 다른 위치와 상태일 수 있는 것이다.

만약 교회가 성경이라는 말씀을 기준으로 신 존재와 연결된 먼저됨을 주장한다면 세상을 이끌 성인 상태라 주장하기 전에 올바름과 방향성에 대하여 먼저됨이 나타나야 한다. 과거의 사건인 인류의 시작과 교회를 연결함으로 현재의 세상보다 연대기적 성인됨을 주장하는 것은 올바름과 무관한 것이다. 변화된 시대에 적용하는 전통의 고수는 시대의 올바른 방향성과는 무관할 수 있다. 그렇기에 공동체는 올바름을 신적 기원에 두며 올바른 방향성에 대하여 신이라는 시작에 둔다. 먼저됨으로 성인 상태를 주장한다면 그것은 언제나 시작점에 대한 이해에서 출발할 수밖에 없는 것이다.

공동체가 가지는 시작점이 신적 기원이며 그 결과는 신이라 한다면 '신 존재'라는 시작은 '신에 의한'이라는 열린 결과가 된다. 어떤 규정된 결과를 도출하기 위한 연결고리로서 공동체는 책임을 위임받지 않았다. 공동체는 생명과 행복의 연결고리가 아닌 생명으로부터 열린 행복을 향하는 연결고리이다. 열린 행복이란 행복의 다양한 현상에 관한 것이 아니며 단지 행복을 규정하지 않음이며, 또한 행복의 본질에 대한 끊임없는 발견이다. 그렇기에 생명이 구원으로 연결되는 고리로서의 교회의 역할과는 달리 공동체는 생명이 참 생명을 향하며, 참 생명의 활동으로 나타나는 올바름과 방향성의 연결고리가 된다.

연대기적 나이로서 신 존재와 연결될 때 신의 현재성에 의해 공동체의 시작은 언제나 지금이 된다. 아무리 오랜 전통을 가진 공동체라 할지라도 언제나 새롭게 시작되기에 과거에 묶인 전통의 고수는 의미가 없으며 전승되는 전통의 의미만이 남게 된다. 지금을 시작으로 여기는 공동체는 변화되는 현상들 속에서 변화 없는 본질을 위임받음에 동의함으로 현상 앞에 미성년의 상태이며 본질 앞에 성인의 상태로서 부조화가 나타난다.

공동체나 교회가 모두 부조화가 나타나는 것이다. 하지만 현상 앞은 미성년의 상태이며 본질 앞은 성인의 상태가 나타날 때 공동체는 현상과 본질을 함께 추구하지 않음으로 부조화에 대한 적극적 자기방어를 가진다. 공동체는 현상 앞의 미성년 상태로 세상과 함께 신적 도움과 돌봄이 필요하며 본질 앞의 성인 상태로 신의 의지를 따라 세상을 위한 도움과 돌봄을 이행한다.

자녀의 많음이 부모됨과 무관하듯 교인의 많음이 교회됨의 상태를 보증하지 못한다. 교인의 많음이 신적 능력이라 주장한다면 기독교는 세계에서 제일 큰 종교가 아니기에 하나님의 무능력함이나 존재하지 않음을 주장하는 꼴이 된다. 부모가 자녀에게서 행복의 근거를 발견하는 것을 큰 잘못이라 할 수 없지만 자녀를 이용함으로 행복을 추구한다면 문제다. 자녀를 이용하는 자는 자녀의 수가 그의 행복의 크기와 비례한다. 하지만 자녀를 보호하고 돌보는 부모에게 자녀의 많음은 책임수행의 폭과 연결되며 부모의 행복은 자녀의 많음이 아닌 책임수행자인 자신의 중심인 관계에서 발견된다.

교회는 양적 성장과 쇠퇴를 반복하였다. 교회는 생식기적 성인 상태로도 가임기와 불임기의 시간을 보낸다. 국교가 되어 수많은 사람을 품기도 하며 박해를 받아 교인이 사라지기도 한다. 화려한 건물, 재미있는 문화 활동, 신비적 체험 등으로 교인을 양성하기도 하며 부도덕함이나 경제 비리, 다른 종교의 포교 활동 등으로 이탈되는 교인이 생겨나기도 한다. 하지만 공동체는 단 한 번도 성장하지 않은 적이 없었다. 공동체는 결코 쇠퇴할 수 없는 독특함을 가졌기 때문이다.

어떤 공동체도 수백, 수천의 구성원을 이룬 적은 없다. 보호와 돌봄의 범위에 대하여 공동체 지도자와 구성원들은 결코 다단계식 관계를 이룰 수 없는 한계를 가지기 때문이다. 하지만 그럼에도 공동체는 확장에 확장을 반복한다. 공동체가 가진 확장은 수직적 확장을 기초로 한 수평적 확장이다. 수직적 확장은 역사의 끝까지 이어지기에 결코 쇠퇴할 수 없다. 수평적 확장 역시 공동체의 범위에 대한 열린 자세와 소속된 구성원을 대하는 적극적 자세일 뿐이다. 역사적으로 수많은 사람들을 포함하는 공동체, 시대마다 보호와 돌봄이 필요한 자들을 대하는 적극적 자세의 공동체는 관계 중심의 확장을 이룬다. 비록 일방적 관계일 때는 가시적이지 못하기에 흔히 말하는 양적 성장이 없는 것처럼 보이지만 관계 중심으로 공동체를 들여다본다면 그 확장됨의 크기에 압도당하게 된다.

교인은 교회의 중요한 수입원이다. 교인은 교회에 자금을 지불함으로 대가를 받을 수 있게 된다. 그런데 지불하는 교인과 대가를 받는 교인이 반드시 일치하지 않기에 문제가 생긴다. 정당한 거래관계를 형성하지 못하였기에 교인의 불만을 해결해야 한다. 구매한 물건이 광고와 다르다면 어떻게 하겠는가? 구입한 물건을 반품할 때 수많은 설득을 듣게 될 것이다. 교회는 헌금이 구원의 방법이라 확실하고 분명하게 주장하지 않지만 헌금은 결국 의무로 변형된다. 그렇다면 교인이 의무 이행을 충실히 하였다면 그들이 요구하는 구원의 실체를 주어야 하지 않는가? 사회적 거래관계에서 할부로 구매하여도 물건을 먼저 수령하는 것이 선행되지 않는가? 그렇기에 교회는 먼 훗날, 죽음 이후의 구원에 대한 확증에 현재적 기복요소를 포함하는 설득 작업을 하는 것이다. 교회는 현재적이지 않은 구원을 현재적인 것처럼 포장하고 광고하며 또한 교인은 포장과 광고를 신뢰함으로 구원은 현재적일 수 없다는 확신을 가지게 된다. 그렇기에 교회의 확장 됨은 이러한 거래관계 속에 숨은 기복적 요소가 신적 능력에 대한 증거가 된다. 기복적 요소는 교인의 불만을 잠재울 수 있으며 교회의 확장됨을 위한 도구가 되기에 마케팅을 위한 좋은 재료가 된다.

공동체는 신적 능력이 없는 곳이 아니라 신적 능력처럼 포장된 거짓이 없는 곳이어야 한다. 과장, 허위 광고에 속아 물건을 구매하는 자는 욕심과 무지한 자뿐 아니라 판단능력이 부족한 미성년의 상태에 있는 자들도 포함되기 때문이다. 공동체의 수직적 확장은 역사적으로 성인 상태의 신앙인이었던 자들과의 관계이며, 수평적 확장은 시대적 미성년 상태를 성인 상태로 자라게 하는 것이다. 그렇기에 시대 속에 나타난 공동체가 아무리 많은 미성년의 상태를 성인의 상태로 인도할지라도 현재의 양적 증가로 나타날 수 없으며 후대의 수직적 확장의 밑거름이 될 뿐이다.

　　현재적 구원 선언은 현재적 행복과 반드시 연결되어야만 한다. 행복과 연결되지 않는 구원, 현재와 연결 없는 미래란 미성년 상태를 향한 유혹은 가능하지만 성인 상태에서는 고발의 위험만 남는다. 미성년 상태가 많이 모여 성인의 상태로의 변화가 나타난다면 더 없이 좋겠지만 지능지수 50인 자들이 많이 모여도 지능지수 100이 저절로 되지는 않는 것이다. 그렇기에 공동체는 먼저 된 자들과의 관계인 수직적 확장을 기초할 수밖에 없으며 또한 후대를 위한 수직적 확장의 밑거름으로 수평적 확장을 이룰 수밖에 없다.

교회나 공동체는 나름대로 근거와 이유를 가지고 자
기주장을 펼치기에 그 옳고 그름의 주장보다는 자기주
장을 펼치는 상태에 집중해야 한다. 그렇기에 교회나
공동체에 대하여 미성년과 성인의 상태를 구별할 수
있어야 한다. 만약 옳고 그름에만 치우친다면 정죄하고
싶은 유혹을 맞게 될 것이다. 성인의 상태로 판단하며
평가하지만 그 결과를 대하는 자세에 있어 다시금 미
성년의 상태가 될지도 모르기에 부조화가 나타나며 혼
란을 겪게 될 것이다. 당신은 교회나 공동체의 상태에

대하여 알기를 원해야 하며 혹 미성년 상태가 발견된다면 보호와 돌봄에서 자신의 역할을 찾아야 한다. 정죄는 누구나 할 수 있지만 보호와 돌봄은 오직 성인의 몫이기에 당신의 상태를 알 수 있는 좋은 기회가 될 것이다.

교회는 마케팅으로 확장하지 않는다 하며 신과의 수직관계에서도 먼저됨을 주장하지 않는다. 그럼에도 오늘날 이렇게 여겨지고 있는 이유는 무엇일까? 세력 확장을 위해 노력하며 구원을 선언할 권위를 가지고 있다고 교회가 인식된 분명한 이유가 있을 것이다. 교회의 공격적 전도 방법의 이유나 신적 우월감이 나타날 수밖에 없는 이유를 찾다 보면 긍휼을 기초한 보호와 돌봄이 필요한 미성년 상태임을 확인하게 된다.

교회의 자기주장의 근거는 성경이다. 교회를 향해 문제점을 제기하면 그들의 주장은 한결같다. '그렇다면 성경이 잘못되었다는 말인가?' 좋은 의도로 문제 제기를 하여도 교회의 반응이 공격적 방어기제로 나타나는 이유는 그들이 성인과 미성년의 부조화의 상태이기 때문이다. 그렇기에 성인은 부조화를 대하는 자세에서 일관되어야 한다. 만약 부조화 상태로 교회의 부조화를 대한다면 충돌을 피할 수 없게 된다. 당신은 성경의 잘못된 적용과 잘못되지 않은 성경을 구별하여 선언해야만 한다. 이러한 모습은 교회의 성인 상태를 인정해 주며 미성년의 상태를 보여 주는 것으로 부조화를 알게 하는 것이다. 이에 몇 가지의 예를 들어 구체적 자세를 보이고자 한다.

교회는 확장을 위해 성경을 따라 전도를 한다. 확장의 대상은 하나님나라이며 이는 성경을 따른다. 무엇보다 소중하고 중요한 것을 아끼며 사랑하는 사람에게 전하는 것으로 전도는 그 어떤 난관도 해쳐나갈 수 있는 힘을 얻게 된다. 그렇기에 때로는 의사의 치료행위처럼 강압적일 수도 있다. 전도를 위해 필요를 채워 주며 외로움을 달래주며 함께 동고동락한다. 만약 당신이 전도의 주체라면 성경이라는 기준을 따르고 있음을 주장할 것이다. 하지만 전도를 받는 입장이라면 거부감을 느낄 수도 있을 것이다. 당신이 느끼는 거부감은 교회에 대한 사회의 거부감과 비슷할 것이다. 그 이유는 교회의 전도에는 당신의 어떤 의지적 모습도 고려되지 않았다는 것이다. 교회의 전도는 당신을 미성년 상태로 대하기에 사회적·윤리적 또는 연대기적·생식기적 성인 상태에 익숙한 당신에게 거부감이 나타나는 것이다. 교회의 자기주장은 분명 성경을 따르고 있다 할 수 있지만 유독 당신을 대하는 자세에서는 스스로를 성인 상태로, 당신을 미성년 상태로 규정한다. 거부감은 상호 다른 이해를 가졌기 때문이며 다른 이해에 대한 소통이 없기 때문이다.

교회는 전도의 이유로 당신을 위해서라 주장한다. 교회의 주장 중 대표적인 것은 아마 '당신은 죄인입니다'

라는 선언일 것이다. 스스로 죄인이라 생각하는 경우는 윤리적일 가능성이 클 것이다. 하지만 교회는 성경으로 당신을 죄인이라 규정하며 윤리적 증거를 요구한다. 당신의 거부감은 윤리적 증거와 성경의 증언의 혼용에서 시작된다. 법적·윤리적 죄에 대하여 당신은 충분히 스스로 속죄행위를 할 수 있을 것이다. 또한 당신은 성경적 죄에 대하여 어떤 동의도 한 적이 없을 것이다. 그렇기에 당신의 법적·윤리적 죄에 대하여 성경적 속죄행위라는 부조화스러운 교회의 자기주장에 거부감이 있는 것이다. 많은 교인은 이러한 부조화스러운 교회의 자기주장에서 모순을 찾을 수 없을 정도로 판단 능력을 상실하였다.

법적·윤리적 죄에 대하여 자극하며 성경적 해결방법을 제시하는 것은 쉽고 빠르고 편리하다는 이유로 자기애를 향하게 한다. 교인들은 교회가 제시하는 가르침이 얼마나 편리한 것인지를 몸소 겪고 있다. 멀리 떨어진 부모를 섬기는 것은 불편하다. 찾아뵙는 것도 서로의 안부를 묻는 것도 힘든 일이다. 그렇기에 자녀는 멀리 있는 부모를 섬기듯 교회를 섬긴다. 교회를 위한 효도가 부모에게 전달되는 것이다. 이러한 사실을 비웃기 전 교회에 대한 교인의 신뢰를 생각해야만 한다. 모든 교회가 어르신을 잘 모신다고 여긴다면 부모가 계신 곳의 교회도 당연히 그러할 것이다. 모든 자녀가 이처럼 자신의 교회를 잘 섬긴다면 부모들이 계신 곳의 교회는 당연히 자녀처럼 그들의 부모에게 보호와 돌봄을 이행할 것이다. 이러한 전제는 교회를 향한 효도 행위를 비웃을 수 없게 한다. 교회가 당신에게 이러한 효를 요구한다면 어떻게 하겠는가? 부모를 섬기듯 교회를 섬길 수 없다는 것은 결국 교회에 대한 불신을 가졌다는 것이다. 하지만 불신보다 편의가 더 크게 영향을 미친다면 다른 결과로 나타난다. 불신 속에서도 당신이 교회를 섬기는 것이 교회가 당신의 부모를 섬기는 것

으로 연결된다고 주장하는 이유는 분명 당신의 편의,
즉 자기애의 미성년 상태이기 때문이다.

　교회의 자기주장에 대하여 교인은 무조건 수용해야
만 한다. 만약 교회의 자기주장이 용납될 수 없는 범위
라면 교인으로 남기를 포기해야만 하는 것이다. 교회는
한 사람을 위해 그동안의 모든 제도와 전통을 바꾸지
않기 때문이다. 아무리 성경의 진리에 근거한 문제제기
를 할지라도 교회의 변화를 목도할 수 없는 이유는 제
도와 전통으로 성인 상태인 교회가 진리에 대하여 미
성년 상태로 고집을 부리기 때문이다. 진리 앞에서는
누구나 미성년 상태가 됨을 확인하였다. 하지만 미성
년의 위치와 상태를 아는 것으로 성인 상태로 인정받
으며, 성인 상태를 주장함으로 미성년 상태로 위치하게
된다. 주의 깊이 관찰하면 교회가 주장하는 성인 상태
의 근거가 제도와 전통임을 발견할 것이다. 또한 제도
와 전통의 성인 됨으로 진리 앞에서도 성인의 상태를

보증하고자 하는 고집을 발견할 것이다. 당신은 교회의

부조화를 이루는 두 축을 확인할 수 있다. 제도와 전통

이라는 교회의 기초와, 진리라는 교회의 근간이 두 기

준을 제공하는 것이다. 두 기준의 부조화를 알게 된다

면 교회를 향해 긍휼을 품게 된다.

교회는 제도와 전통, 성경의 진리라는 두 기준을 가진다. 교회는 두 기준이 같은 위치가 되지 않는다고 주장한다. 성경이 기초가 되며 그 위에 제도와 전통이 세워졌다는 주장은 그럴듯해 보인다. 하지만 기초가 되는 성경에 대한 이해가 다르다면 문제는 달라진다. 성경의 진리와 성경의 문자를 구별할 수 있는가? 즉 의미와 문자를 구별하지 못한다면 성경에 기초한다는 주장도 수정되어야 한다. 성경의 문자에 기초하고 있는가? 성경의 의미에 근거하고 있는가? 아니면 이 둘을 혼용하고 있는 것인가?

교회의 기초가 되는 성경에 대한 올바른 이해와 적용이 있다면 그 위에 세워진 제도와 전통이 결코 교회의 기초가 될 수 없다. 간단한 예를 들어 보자. 성경에 성전을 짓는 장면이 나온다. 성전의 규격과 재료 공법 등 비교적 상세히 기록되어 있다. 이는 성경대로 교회를 건축한다는 주장의 근거가 된다. 성경에서 성전을 짓지 않았다면 교회는 성경으로 건축을 합리화하지 않았을 것이다. 하지만 건축이라는 사실은 성경의 문자대로 사용하면서, 재료나 방법에서는 의미를 해석하여 혼용한다. 이제 오랜 세월 이어온 이러한 행위가 마땅히 해야만 하는 제도와 전통으로 발전한다. 성경의 문자와 의미를 혼용함이 이제 제도와 전통에 대하여도 같은 자세를 갖게 한다. 교회의 종교행위에 대하여 규정된 제도이며 전통이기에 그대로 수용하기도 하지만, 변화된 사회상으로 의미를 유추하여 새로운 형태를 만들기도

하는 것이다. 그렇다면 교회가 주장하는 기준에서 일관성을 찾을 수 있는가? 아니면 일관되어 보이는 즉흥적 대안들로 가득 차 있는가?

교인은 보호와 돌봄을 받아야 하는가, 제공해야 하는가? 교인은 미성년 상태인가, 성인 상태인가? 당신이 교인이라면 당신의 상태는 무엇인가? 당신은 분명히 영원한 진리 앞에 미성년의 상태이다. 하지만 만약 당신이 진리 앞의 상태에 익숙하여 교회 앞에서도 자신의 미성년 상태를 주장한다면 교회는 당신을 진리 앞에 위치시킬 것이다. 또한 당신이 신적 보호와 돌봄을 요구한다면 교회는 당신 스스로 신 앞에 서도록 할 것이다. 진리 앞에 있는 당신은 교회에서 당신의 어떤 자리도 발견할 수 없을 것이다. 교회에 속한 당신이라 할지라도 이러한 사실이 부담스러운 경우는 진리와 진리를 품은 교회를 구별하지 못하기 때문이다.

진리는 당신의 미성년 상태에 끊임없는 보호와 돌봄

을 제공하지만 교회는 당신이 성인 상태로 교회 앞에 서길 원한다. 당신이 성인 상태로 교회를 보호하고 돌볼 때 교인이라는 위치를 유지할 수 있게 된다. 만약 교회의 요구가 당신에게 진리 앞의 상태와 교회 앞의 상태를 구별한다면 그곳은 진리와 구별된 곳이기 때문이다. 당신은 배고픔으로 일용할 양식을 신께 요구할 수 있다. 하지만 교회에 일용할 양식을 요구하며 미성년 상태를 드러낸다면 교회는 당신에게 일용할 양식을 주시는 신께 호소하도록 유도한다. 더 심각한 문제는 신께 호소하는 행위로서 먼저 교회에 일용할 양식을 바쳐야 한다는 것이다. 당신은 교회를 향해 성인 상태로 일용할 양식을 제공하며 또한 신 앞에 미성년의 상태로 일용할 양식을 얻는다는 거래관계의 도식은 점점 발전되어 단순한 기복을 넘어 의무화되었다. 교회는 만족과 성취라는 달콤함으로 포장하여 의무에 강제성을 부여하며 교인은 배고픔을 견뎌야 할 고난 정도로 여기며 행복을 찾기 위해 노력한다. 만약 교회가 진리를 품었다면, 신이 함께하는 곳이라면 교회는 교인을 미성년 상태로 대할 수 있어야 한다. 가르침뿐 아니라 실제적 보호와 돌봄으로 교인을 대하는 자세를 가져야 한다. 당신을 강제하는 교인의 의무가 성경의 문자나 의미의 조합일지라도 부담이 되는 것은 신앙의 문제가 될 수 없다. 분명하고 확실한 우선되는 문제는 개인의 신앙의 유무가 아닌 교회의 진리의 유무이기 때문이다. 성경의 문자, 성경의 의미가 충분할지라도 삶의 실체가 없다면 그곳이 진리가 있는 교회라는 규정은 섣부른 결론이 된다.

진리가 기초되지 못한 곳은 두 기준을 필연적으로 갖게 된다. 교회는 진리의 유무를 떠나 신과의 관계와 사람과의 관계를 중심에 둔다. 그렇기에 신의 기준과 사람의 기준이 혼용될 수밖에 없는 한계를 가진다. 두 기준을 가졌다 하여 당신의 정죄가 옳음은 될 수 없다. 물론 의도적으로 교인을 이용하기 위해 두 기준을 사용하는 곳도 있지만 근원적 이유는 진리의 부재이다. 진리의 부재를 악한 것이라 규정하는 이유는 당신 속에 두 기준이 혼용되고 있기 때문이다. 진리의 영원성이라는 기준과 당신의 현재적 악에 대한 규정은 이미 시간적으로 충돌이 일어난다. 그렇기에 두 기준을 가진 교회의 미성년 상태를 대하는 성인 상태의 당신의 자세는 끊임없이 진리 앞에 위치해야만 한다. 당신은 진리 앞에서 미성년 상태이듯 교회 역시 진리 앞의 미성년 상태이기에 진리의 부재는 악함이 아닌 보호와 돌봄이 필요한 위치이다. 또한 당신이 진리의 보호와 돌봄을 요구하며 받듯 교회 역시 진리의 보호와 돌봄을 받도록 이끌어야만 한다. 두 기준을 가진 곳을 정죄함에 긍휼이 포함된다는 것은 잘못을 덮는 것이 아니며 진리의 부재에 대한 안타까움에서 시작된 두 기준을 이용할 수밖에 없음에 대한 앎이다.

개인이 성인이 된다는 것은 책임을 지는 것이다. 수
많은 책임 앞에 그 책임이행으로 성인과 미성년의 상
태가 뒤섞임은 당연한 것이다. 그렇기에 성인의 상태는
자신의 미성년의 상태를 알고 보호와 돌봄을 요구하는
것이며, 미성년의 상태는 성인 상태의 책임수행에 대하
여도 알지 못하는 것이다. 이러한 성인 상태의 위치는
가정이라는 독립된 영역이나 사회의 범위에서도 나타
난다. 가정에서는 부모됨이나 자녀됨 또는 부부됨으로
사회에서도 개인적 · 관계적 상태로 성인과 미성년의

상태로 나타난다. 이러한 삶의 모습은 배움에 기초하며 배움의 시작은 생명의 시작과 연결된다. 생명은 성(性)의 주체인 신과 연결되며 그 매개체를 종교라 할 수 있다. 그렇기에 종교에 대한 이해, 또는 본으로서의 종교에 대한 앎이 가장 기초가 되는 삶의 현상이라 할 수 있다. 종교는 본질일 수 없지만 그 어떤 것보다 본질과 가장 가까워야 하며 또한 본질에 가장 근접한 가르침을 담고 있어야만 한다.

종교 중 기독교는 교회라는 독특한 현상으로 나타난다. 교회는 개인일 수 있고 개인들의 관계일 수도 있고 신일 수도 있으며 사람일 수도 있다. 교회란 말 속의 숨은 의미들을 나열하면 모든 것이 된다. 그렇기에 교회에 대하여 하늘과 땅의 일치, 땅 위에 임한 하늘이라는 정의를 내릴 수 있다. 분명 교회는 하늘이 아니다. 교회는 신이 아니다. 하지만 하늘과 가장 가까워야 하며 신과 밀접한 관계에 있어야만 한다. 그렇다면 교회는 하늘이나 신의 모습을 표현하는 가장 기초적 삶이 시작되는 곳이다. 하늘의 권세를 부여받은 곳이 아닌 하늘의 삶을 먼저 살아가는 곳이며, 신의 권위가 덧입혀진 곳이 아닌 신의 의지에 맞는 삶을 분명하고 확실하게 살아가는 곳이어야만 한다. 물론 땅이 완벽히 하늘과 일치될 수는 없다. 사람이 신이 될 수 있는가? 하지만 방향성만큼은 어떤 양보도 있어서는 안 되는 것이다.

교회와 공동체가 일치를 위해 서로를 향하는 방향성을 가지는 것은 사회적 남성과 여성이 일치를 이루는 것에 본이 되어야 한다. 사회적 남성과 여성은 성(性)이라는 같은 생명을 향함으로 일치를 이루고자 하지만 그 방법에 대하여 종교를 통해 배움을 얻을 수 있어야 한다. 아무리 고상한 도덕과 윤리일지라도 본질에 대해서는 종교보다 깊은 이해를 가질 수 없기 때문이며 시대와 상황의 변화에 따라 삶의 모습을 규정하는 것은 언제나 먼저 생겨난 문제를 해결하는 뒤늦은 대처 정도이기 때문이다. 하지만 본질에 대한 종교의 바른 가르침은 예방으로 문제가 발생하기 전, 그러한 문제가 발생한 시대와 상황 이전이기에 그 어떤 것보다 우선된 삶의 지침이 된다.

교회와 공동체의 일치는 사회를 넘어 가정이라는 더 기초적인 곳에서도 나타나야만 한다. 부모와 자식, 남편과 아내에게서 교회와 공동체는 관계적 삶을 제공할 수 있어야 한다. 더 기초적으로는 부부관계에서 나타나야만 한다. 결국 교회와 공동체의 관계에서 성인의 상태에 있는 자가 보호와 돌봄으로 미성년의 상태를 성인의 상태로 이끌어 가는 모습이 모든 일치를 위한 기초가 되는 것이다. 교회와 공동체는 사회적 남성과 여성의 관계의 본이 되어야 하며 가정의 부모와 자식의 기초가 되어야 하며 기초가정의 남편과 아내의 관계의 시작이 되어야 한다. 그렇다면 적어도 교회와 공동체 중 어느 한쪽은 반드시 성인 상태여야만 한다. 교회의 자기주장 속에서 성인의 상태가 확인된다면 교회는 주도적으로 공동체를 보호하고 돌보며 일치를 위한 책임 수행의 적극적 자세를 가져야 한다. 하지만 성인의 상태라 할 수 없다면 공동체의 상태를 확인해야만 한다.

공
동
체
의

상
태

확
인
。

 공동체는 한 몸에 대한 표현일 뿐이다. 흔히 손과 발
이라는 기능의 연합 정도로 이해되지만 공동체는 존재
의 연합을 주장한다. 그 이유는 기능의 독립성과 자발
성을 보장하기 위함이다. 기능보다 더 근원적인 존재는
기능의 무가치를 선언하기 위함이 아니며 더 능동적인
역할을 위한 배려를 담고 있다. 기능은 발휘될 수도 있
으며 그렇지 않을 수도 있지만 존재는 있을 수도 있으
며 없을 수도 있는 선택적인 것이 아니다. 존재는 반드
시 있어야 하는 것이며 있어야 할 위치에 있는 것이다.

그렇기에 공동체라는 존재의 연합은 상태와 위치를 기초한 역할이며 더 나아가 자발, 능동적이어야 하기에 독립된 영역들에 관한 것이다.

공동체가 추구하는 본질은 무엇인가? 본질이란 모든 것의 기본이 되는 것으로 성(性)이라는 생명보다 더 근원이 되는 것이다. 그것은 성(性)을 부여한 대상이다. 교회는 신을 위하는 것에 대하여 신에 의한 당연한 반응이라 주장하지만 공동체는 이를 구별한다. 즉 신에 의한 것이 신에게 돌아가는 것은 본질적인 것이며 신에게 돌아가는 것은 '너'라는 구체적 상대에게서 분명히 구현되는 것이다. 신에 의한 것이 신에게 돌아가는 것은 알 수 없는 것이지만 신에게 돌아가는 것이 그 실체를 가지고 구현됨은 분명히 '우리'에게서 확인되는 것이다.

개혁을 외치는 교회들이 개혁된 적이 있는가? 교회가 개혁을 외치며 목표를 설정하고 제도를 수정하여 이루고 싶은 것이 무엇인가? 결국 보편적 교회를 이루기 위한 몸부림이지만 그 내면에는 공동체성의 강조가 숨어 있다. 전통의 잘못된 활용, 진리에 대한 잘못된 이해, 신을 향하는 종착지가 언제나 교회에 머물게 되는 사회적 시선에 대한 반응 등으로 변화를 추구하지만 부분적 공동체성으로는 이루어질 수 없는 것들뿐이다.

공동체는 작음을 외치며, 부족함을 선호하며, 단순함을 추구한다. 작음이란 대형화를 이룬 수평적 확장에 수직적 확장을 선보임으로 넓이를 추구하기 전 깊이가 선행되어야 함을 보인 것이다. 부족함이란 집중된 풍요로움의 분산이며 단순함이란 복잡함으로 빼앗긴 시선을 다시금 고정하기 위함이다. 결국 보편적 교회를 위한 공동체성의 강조는 교회의 개혁에 대한 실체로서 대형화의 파괴, 축적된 부의 분배, 전통과 제도에서 진리로의 집중이라는 새로움의 시작이라 할 수 있다. 교회나 공동체 모두 보편적 교회를 향한 방향을 가진 것이다.

당신이 교회를 알 수 있는 방법은 교인이 되는 길뿐이다. 오랜 세월 교인으로 있었다면 어느 정도 교회에 대하여 알 수 있을 것이다. 연애하는 동안 알고 있던 남편의 모습이 결혼 후 다르다면 어떻게 해야 하는가? 만약 쉽사리 이혼을 한다면 결혼과 이혼을 반복해야 할지도 모른다. 속한 교회가 미성년 상태라면 어떻게 해야 하는가? 수많은 교회를 떠돌고 있다면 당신에게 위임된 것과 책임수행의 정도를 확인해야만 한다.

성인 상태는 유혹의 달콤함과 직언의 쓴맛을 구별할 수 있다. 성인의 상태는 그럴듯한 광고에 속지 않으며 더 좋은 것과 반드시 필요한 것을 구별할 수 있다. 성인의 상태는 화려한 포장이 아닌 그 내용물의 가치에 관심을 가진다. 공동체를 알기 원한다면 어디에 있는지도 모르며 그곳이 좋은지 확신도 없는 곳을 찾기 위해 노력할 필요는 없다. 왜냐하면 당신은 이미 공동체이기 때문이다. 이러한 깨달음이 있다면 그 후 당신을 보호하고 돌볼 곳을 찾아야 한다. 당신은 이미 누군가의 부모이며 자식이고, 남편이거나 아내이다. 또한 당신은 '나'이며 당신의 주변에는 '너'가 넘쳐남으로 당신은 언제나 '우리' 안에 있다. 이 깨달음은 당신을 더불어 살아가도록 할 것이다.

사회에서 당신의 상태와 위치에 대한 혼란이 있다면 먼저 가정에서 당신의 상태와 위치를 확인하라. 사회적 관계에 명확함이 없다면 가정의 관계를 기준으로 당신의 입장을 정리하라. 가정에서 부모와 자식, 남자와 남편 등 종합적인 위치에 있다면 더 기초가정을 근거로 당신의 상태와 위치를 조정하라. 그럼에도 선택의 기준이 모호하다면 성(性)이라는 생명을 근거로 하며 더 본질인 생명을 부여하신 절대자에 의한 것임을 확인하라.

땅은 하늘과 일치될 수 없기에 기다림이 필요하다. 미성년 상태는 기다림의 위치이다. 성인의 상태가 이끌기를 기다리는 것은 보호와 돌봄을 요청하는 것이다.

하지만 미성년 상태는 보호와 돌봄을 요구할 수 없을 정도로 스스로에 대하여 알지 못할 수도 있다. 그렇기에 하늘이 먼저 내려와 땅과 일치를 이룬다. 성인의 상태는 그러한 미성년의 상태를 먼저 살피고 적극적으로 보호와 돌봄을 이행해야만 한다. 만약 당신에게서 보호와 돌봄을 대하는 자세에 주저함이 있다면 단순히 적극적이지 못한 것이란 자기위안이 아닌 미성년 상태일 수 있음을 확인해야만 한다. 자신의 위치와 상태를 스스로 확인하는 것이 성인의 특징이다.

나가며

이불 속에서 뒹구는 행복은 아기의 몫이다. 어느 누구도 아기를 게으르다 하지 않는다. 아기는 자라며 조금씩 책임을 맡게 된다. 그러나 아기 때의 뒹구는 삶은 쉽사리 변하지 않으며 책임 앞에서도 뒹굴고 싶어진다. 책임 앞에서 뒹구는 삶은 게으름이라 부른다. 게으름은 책임을 위임받은 성인이 미성년 상태일 때 나타나는 부조화이다. 미성년 상태는 위임된 책임을 게으름으로 대하는 것이다.

게으름의 결과를 경계하지 않는 때는 책임을 위임한 주체가 자신이 아닐 때이다. 심지어 작심삼일이 반복되어도 큰 문제라 여기지 않는다. 왜냐하면 책임을 위임한 주체가 자신이 될 때에도 책임수행의 기회는 언제든 만들 수 있기 때문이다. 미성년의 상태는 같은 책임에 대하여 각기 다른 주체를 적용함으로 책임을 위임한 주체에 대하여 알지 못하는 것이다.

책임의 주체에 대하여 정확히 알지 못하면 열정적으로 책임수행을 하면서도 결과적 게으름으로 나타난다. 시작이 분명하지 않다면 과정에 대한 충실함이 결과를 보장하지 않는다. 미성년 상태는 시작과 과정을 알지 못하며, 고정된 결과를 위해 때때로 시작을 무시한 과정으로만 당위성을 고집한다. 심지어 결과를 위한 과정과 시작이라는 전혀 다른 책임수행의 모습이 나타난다.

성장의 속도는 각양이다. 시간의 흐름이 아무리 정확할지라도 체감되는 속도는 다르듯 성장은 빠를 수도 있으며 더딜 수도 있다. 그렇기에 미성년 상태가 정죄의 대상이 될 수는 없다. 미성년의 부조화는 성장의 속도 차이일 뿐이다.

개인과 사회, 교회와 공동체, 가족과 가정, 사람(者)과 생명(性) 됨에 있어서도 성장의 속도는 다르다. '몇 살입니까?'라는 질문에 대한 충분한 고민은 각기 다른 성장 속도를 가진 모든 것들을 대하는 새로운 자세로 이끌 것이다. 또한 새로운 자세는 올바름을 향하는 삶의 자세와 연결될 것이다. 자신의 나이에 대한 충분한 고민은 자신을 알 수 있는 좋은 기회이자 성숙의 변곡점이 된다. 보호와 돌봄 앞에 부끄러움과 우월감은 방해물일 뿐이다.

몇 살입니까
Are You a Grown-up Now?

2018. 1. 17. 초판 1쇄 인쇄
2018. 1. 29. 초판 1쇄 발행

지은이 이세두
펴낸이 정애주
국효숙 김기민 김의연 김준표 김진원 박세정
송승호 오민택 오형탁 윤진숙 임승철 임진아
정성혜 차길환 최선경 한미영 허은
펴낸곳 주식회사 홍성사
등록번호 제1-499호 1977. 8. 1.
주소 (04084) 서울시 마포구 양화진4길 3
전화 02) 333-5161
팩스 02) 333-5165
홈페이지 www.hsbooks.com
이메일 hsbooks@hsbooks.com
페이스북 facebook.com/hongsungsa
양화진책방 02) 333-5163

ⓒ 이세두, 2018

ISBN 978-89-365-0350-5 (03230)